先於能知之力

尼薩迦達塔・馬哈拉吉的臨終教言

Prior to Consciousness

Talks with Sri Nisargadatta Maharaj

簡・鄧恩 Jean Dunn 編
—鍾七條、智嚴、張玉 譯
—三不叟 審閱

紅桌文化
UnderTable Press

所有的讚美都歸於自性上師

和尚大悲恩逾父母。
感謝法身之父上師三不叟。

導論

「父母未生你前，什麼是你的本來面目？」

只要對禪宗稍有了解之人，就知道這是宗門耳熟能詳的「話頭」，禪師們往往向學人提出這個問題，策令其去追尋並參問這個問題的答案。

別急著拋出什麼答案。你或許會說：「那時我是中陰身，在選擇入胎，或者在中陰的境界中流浪。」但那是你從書本上看來的，或者是你腦海中的一些畫面告訴你的。

這個問題其實問的是：「未擁有身體之前，你是什麼？」或者更進一步：「在你意識到自己的存在之前，你是什麼？」甚至是：「在你產生能知能覺的這種能力之前，你是什麼？」別用頭腦來回答，忘記書本上學來的，請用親身的體會來回答！

以上這些問題，就是現在這本尼薩迦達塔．馬哈拉吉的《先於能知之力》試圖要講解的。也就是這個書名所標示的：存在於我們獲得「能知能聞」的這個能力之前的，是什麼？

尼薩迦達塔．馬哈拉吉，這位大半生蝸居在孟買一間小公寓中的智者，在他那間約莫四坪的客廳裡，他總是激動地揮舞雙手，怒氣衝衝地逼問來訪者。「速道！速道！」一如千年之前的中國禪宗祖師，只要學人直心直用，於當下會取。

一九七三年他的談話錄《我是那》（*I am That*）出版後，在西方引起了巨大的反響，求道者絡繹不絕地從全世界各地趕到孟買，坐在他狹小的「道場」中聆聽其振聾發聵的獅吼。在《我是那》之後，尼薩迦達塔·馬哈拉吉唯一授權他人整理的開示錄，只有簡·鄧恩所編輯的臨終教言三部曲[1]，這本《先於能知之力》就是其中之一。尼薩迦達塔·馬哈拉吉的「臨終教授」在其一生的教學中，具有非凡的意義。這是因為，馬哈拉吉前後期的教授側重點不同。在他人生最後的兩三年中，馬哈拉吉否定了禪修，同時，因為他為喉癌所苦，不再有體力與來訪者在言語上來回周旋，所以他的「臨終教授」往往一針見血。

他這樣說道：「食物之身是存在的本質，沒有了食物之身，就沒有了存在，你不是存在。一個對此確信無疑的人，是沒有需要，也沒有必要去禪修的。只有還在認同存在，禪修才會繼續。《我是那》這本書裡，說的就是這個方法，如果摩里斯·佛里曼[2]現在還活著的話，我會把這個說清楚的。現在《我是那》這本書被超越了，此刻，我沒有形象也沒有名字。」——尼薩迦達塔《我從未出生》，一九七九年十二月十九日的對話〈傷口〉

正因為他臨終前三年間這種徹底而純粹的教授，他成為了靈修導師中最為罕見的那一種：他慈悲得將一切全盤托出，他又殘酷得毫不退讓。這樣的手段，只有中國古代的宗門祖師們才可與之媲美。

「父母未生前，什麼是你本來面目？」是他經常拷問來訪者的一個問題。去拜訪尼薩迦達塔．馬哈拉吉的求道者，很快就會發現，他拒絕你以任何書本上讀來的東西來回答這個問題，他曾說：「那你為什麼相信有這個『出生』？什麼是聖典或經典？它們僅僅是規範我們在世間行為的軌則，告訴我們該做什麼和不該做什麼而已。別在這裡談論它們。回到原先的問題：你是否相信有這個『出生』。為什麼要拋出這麼多的高談闊論？對無知者來說，閱讀經文是可以的。但下一步是放下它，試著瞭解你是什麼。」——《先於能知之力》，一九八一年六月十七日的談話

千年之前，曾有一位中國禪師也拿這個問題考問他的弟子：「汝未出胞胎、未辨東西時，本分事試道一句來。」這位叫香嚴智閑的弟子，雖然熟讀經論、博聞利辯、問一答十，聽到這個問題後卻啞口無言。

這是尼薩迦達塔慣用的問題，無數次的對話中，他都在把來訪者引到那沒有身體之時，他或明示或反詰，讓你去追問未出生之前，到底自己是何面目。

「在你還沒有體驗到身體時，你就處在那種極喜的狀態。這種狀態先於你的出生，不能說它是深度睡眠，它超越沉睡。智者的自證境界，就和你出生之前的那種狀態一樣，那是一個圓滿的狀態。」——《先於能知之力》，一九八一年四月四日的談話

「你還沒察覺到『我在』之感以前，你是怎麼運作的？我提出了問題，沒人能回答。你們這些大學者啊，各個博學廣聞，卻都一言不發。」——《能知之力與究竟實相》，一九八一年二月七日的談話

智閑懇請師父溈山為他說破，溈山拒絕了，他說：「吾說得是吾之見解，於汝眼目何有益乎？」智閑回到自己房裡，把書本翻遍了也找不到答案，於是他感慨道：「畫餅不可充飢！」一把火把所有的書都燒了，並向師父告辭，要去其他地方，做一個不看經書的「粥飯僧」度日。

他一直思索著這個「父母未生前」的問題，在某天鋤草時，他隨手撿起一塊瓦片丟開，瓦片敲打在竹子上，發出響聲。突然之間，這個問題的答案出現了。他領悟了。於是他吟唱出了一首悟道之歌：

一擊忘所知，更不假修持。

動容揚古路，不墮悄然機。

處處無蹤跡，聲色外威儀。

諸方達道者，咸言上上機。

和賣關子的溈山不同，尼薩迦達塔常常直接就向學人明示，那「處處無蹤跡」，但是又能「動容揚古路」的「上上機」，也就是「我在」：「伴隨著『我在』的升起，整個顯現都出現了；那個見證所有行為活動的，就是『我在』，它創造了這一切，幻相、各種習性、各種屬性。」——《先於能知之力》，一九八〇年七月一日的談話

純淨的「我在」，是宇宙誕生的最初之因，它倏然而現，毫無緣由，它是遍在的「神我」，是創世之主。它驅動了一切，所以被稱之為「能知之力」。這純淨的「我在」，在身體產生之後，進入身體，驅動著感官的運作，讓人能跑能跳能聞能知。

但是，也因為執著於這個身體，純淨而遍在的「我在」跟身體結合，就形成了更加粗重的「我在」，即自我感，並引發了一切的謬見和苦難。

「你是怎麼得到這個『我在』的？它是不請自來的，還是你努力爭取來的？你是究竟實相，根本不受概念束縛，也沒有『我在』這個最初的概念；突然之間，你被『我在』所俘獲。這是誰幹的？這難道不是自動發生的嗎？……在子宮裡的九個月中，你沒有『我在』的概念。要明白事情是這樣的：『我在』這一概念自動而來，又自動而去。驚訝的是，它一出現就被當作真的。往後，隨之而來的謬見，都是因為對『我在』所懷有的真實感而起。試著於『我在』這原初概念中安住，好丟棄這一概念及其所有與之相關的概念。

為什麼我完全自由了？因為我已經明白了『我在』的虛幻不真。」——《能知之力與究竟實相》，一九八一年三月四日的談話

這「我在」，哪怕再純淨，也是在究竟實相的基礎之上產生的。究竟實相，才是你的本來面目，而不是這個「我在」。究竟實相，存在於世界展現出來之前，存在於你獲得身體，具有了知的能力之前，存在於你的頭腦思維、世智聰辯之前，甚至存在於你獲得了精微的自我存在感之前。未有「你」，先有「他」；沒有「你」，就唯有「他」。

尼薩迦達塔·馬哈拉吉一再強調：領悟這一點，是唯一可做之事；瞭解了這一點，便無事可為；而堅信這一點，則是唯一的「修行」。至此，一個人的靈修，也就走到了終點。

尼薩迦達塔·馬哈拉吉的臨終教言，會對當今的求道者產生巨大的警示作用。對於那些逢人必揚言一定要「實修實證」、「親身證得」點什麼的修行者，馬哈拉吉的教言或許會令他們失望。先於身體，先於能知，而不在五蘊之中，又非六根所能及的究竟實相，要如何去體驗、去看到、去親證呢？這是每個人都應該去琢磨，但又不可被琢磨的問題。

智嚴，鍾七條

二〇一九年十一月

目次

一直以爲，那個無限之在
是不速之客，
只是它從未離去
又怎能不期而至？

艾蜜莉．狄金生

序言

從一方面來說，室利．尼薩迦達塔．馬哈拉吉的教學核心簡單易懂，而在另一方面，卻極難把握。如果我們願意坦誠地面對自己，審視我們用外界的諸多概念為自己建造的囚牢，那弄懂是不難的。但探究自己，也可能困難重重，因為我們非常執著於自己的概念，不願意放棄。但是，如果對了悟的渴望熾熱而迫切，我們就會踏上旅程。我們只能通過親身體驗來瞭解自己是誰或是什麼，這是無法從書本或別人那裡得到答案的。

馬哈拉吉敦促我們去找出這個「我」是什麼。他就像一名外科醫生，拿著鋒利的手術刀，切除了所有旁枝末節。他問的問題常讓對方大為詫異，不知如何應答。他給出的回答，又總是出人意料。他不允許別人引經據典，只允許談親身體會，引經據典會讓他大發雷霆。有一次，有人提到了達克希那穆提，一尊印度教的神祇，馬哈拉吉回應說：「絞死達克希那穆提吧！你自己呢？你有什麼體會？」[3]

我們大多數人都認同身心，所以他堅持要我們找出這個身心是什麼。它難道不是來自父親的精子和母親的卵子嗎？也就是說，身體是靠吃下去的食物產生的，它也靠食物維持，而食物只不過是五大元素而已。我們會是這個身體嗎？沒有能知之力的話，身體就是死屍而已。當能知之力離開身體時，個體沒有了，世界沒有了，神也沒有了。只有當能知之力顯現為物質身體時，才能意識到它自己。能知之力潛藏在每一粒食物中，在所有的五大元素中，它是遍在的、非個體性的，它遍及一切。一切都是能知之力，而那就是我們的本來面目，當下就是。能知之力透過形體，並根據三德，即薩埵（存在—光明—純淨）、多磨（惰性—鈍性—黑暗）、羅闍（活動—激情—能量）不同的比例組合，以及所受的條件限制而作用。當這些身體中的某一個「死亡」時會發生什麼呢？這一身體會再次成為五大元素的一部分，而能知之力會融回到「遍在能知」中。這一切都正在進行之中，是能知之力的遊戲。

在這副身體出現之前，我是什麼？那才是一個人的本來面目。「那個究竟的超梵」，這些文字只是我們為了無相、無名的「那個」所發明的名字而已。永恆的「我」，絕對不受限、超越時空的「本然存在」，是不會意識到「存在」的（因為不存在對立的他者）。我即如是，過去亦然，未來也永遠如是。

求道者從世界各地趕來，向室利．馬哈拉吉尋求靈性的指引。室利．馬哈拉吉於一九八一年九月八日死於喉癌，享壽八十四歲，這本書的內容是從一九八〇年到一九八一年他去世之前的問答錄音帶中抄錄出來的。馬哈拉吉只說馬拉地語，所以每次會談都有一名翻譯在場，但並非總是同一位。我們對這些翻譯深表感激。最常來的翻譯是穆拉帕坦先生（Sri S. K. Mullarpattan）、多伽吉博士（Dr. D. Doongaji）、拉瑪虛．巴爾斯卡（Ramesh S. Balsekar）以及薩普雷（S. V. Sapre，已故），我記得的晚間翻譯只有莫漢（Mohan）。在別的時候還有其他的翻譯，但通常情況下是以上這幾位負責日常的翻譯。我們也非常感謝瓦納嘉女士（N. Vanaja），她非常忠實地記錄了這些會談。

在他生命的最後兩年裡，馬哈拉吉根本不遷就任何關於世俗生活及如何改善的提問。他只教授最高的真理，而且由於他身體虛弱，在某些日子裡，說得很少。但他即便只是說了一句話，也抵得上一整本《奧義書》。他的回答非常直率和尖銳，不迎合任何人的自我。事實上，他宣稱他的目標就是要摧毀這個「虛假的個體」。在他身邊就能感受到那鮮活的真理，這是無法形容的。若去觀察他本人，也讓人驚嘆：那個「人」有喜怒哀樂、諷刺或溫和，各式各樣的情感呈現在那個「皮囊」之上，就像水面映照的陽光。

對這「皮囊」，他從未有意圖去改變……讓「皮囊」做它該做的事情，它不是他。由於癌症，身體遭受了巨大的痛苦，然而在這個人身之中，我看到了未曾見過的勇士，他從未吐出一聲抱怨。在看上去似乎不可能的情況下，那個身體還在繼續工作。大家只能帶著全然的愛和敬畏注視著他。室利．馬哈拉吉的身體為癌症所苦，此乃無庸置疑，儘管如此，他仍然像往常一樣，每天堅持完成四次拜讚儀式，並進行兩次面談問答，儘管因為身體每況日下，這些面談經常匆匆結束。但只要在他面前就已足夠。直到臨終時，他才鮮少說話。

本書中有些話語重複出現，這是必要的，就像馬哈拉吉不斷地敲打我們的固有觀念，每當我們偏離到枝葉上時，都把我們帶回樹的根部。當我們努力執著於文字時，即便是執著於他說過的話，他都會出其不意動搖我們的根基。正如有人曾經說過的：「我極其感謝馬哈拉吉。他最不同之處在於，不管怎樣，他的回答總是最有幫助的和正確的，但大家想要把教學變成一個體系，這最終會毀了他們。馬哈拉吉則毫不在乎。在週三，他剛剛把紅色說成黑，到了週五，就把紅說成白，但在當時，他的回答都是對的，因為那個回答把提問者扭轉了過來。這是非常寶貴及獨特的。」此書的讀者應該一次只讀個幾頁，然後對讀到的內容好好思考和琢磨。

只要你讀了這本書，那就可以認為你已經如馬哈拉吉所說的，「完成了自己的功課」。如果你準備放棄認同這個虛假的實體，那麼讀下去吧，祝你旅途愉快。

簡．鄧恩

上師的恩典

一九八〇年四月四日

問：馬哈拉吉[4]，您能談談上師的恩典嗎？

尼薩迦達塔：最重要的是堅信上師的話；一旦有了信心，恩典就會自動流出。對上師的信心奠基於內在的能知之力[5]，即建立在對真我[6]的信心上。我正試圖將對「存在」的愛[7]導向更高的層次。這種對真我的愛，一直都在，各地的寺廟就是為此而建的。這種「基督能知」[8]一直都在，它是一種對某人的信仰嗎？基督有一副血肉之軀，被釘在十字架上，但是他的「遍在能知」[9]直到今天還在。

問：有沒有釋放或提升這種愛的方法？

尼：毗黎提[10]就是，那是其中的某一步。有各種的行為、實踐等等。即使在日常生活中，你也有一定的修法；這些不就是對這種能知之力的供奉嗎？

問：馬哈拉吉所談論的是那種超越了能知之力本身的愛嗎？

尼：正是來自「遍在能知」的微風使其他類型的愛保持活力。大多數人把他們的愛局限在個體身上。

問：如何才能擴展爲遍及一切的愛？

尼：明白虛假即為虛假，那就是你能做的一切，你無法「弄假成真」。

問：當愛失去了愛的對象時，愛不就失去活力嗎？

尼：你是從身體角度來問的，你沒有回到身體形成之前的那個狀態。在「愛」這個詞出現之前，你就在。在認同身體之前，你必須退回到「那個」之中。

既然我已經找到了我真正而永恆的狀態，我就不需要這些了，所以我只是在等待它們離去。在那種圓滿的境界中，毫無所求。在遇見我的上師之後，我就有了這種圓滿的境界；如果沒有遇到我的上師，我就會作為一個男人活著然後死去。

我跟從我的上師只有短短兩年半[11]的時間。他住在兩百多公里外，每四個月來一次，待十五天；而這就是那段時間的成果[12]。他對我說的話深深地打動了我。從此我只遵守一件事：上師的話就是真理，他說：「你就是超梵[13]。」不再有疑惑，也不再有問題。上師向我傳達了他要說的話之後，我就再也不在乎其他事情了，我緊緊抓住上師的話不放。

我確切地知道當下的世俗現狀是什麼，它是那麼短暫，我也知道那種永恆的狀態。這種短暫的狀態對我來說毫無用處。現在，當你要返回自己的國家時，你將具備智者的資格。告訴我，你認為「智者」這個詞是什麼意思？

問：我認爲在這裡待得久的一些印度人才有資格談論這個。

尼：現今的印度人正在追隨物質發達的西方人的腳步，不再追求靈性——他們願意跟隨西方的科學發展，去模仿你們。因為《我是那》[14]有摩里斯．佛里曼的認證，所以他們會去讀一下；將來簡．鄧恩[15]的書意義會更加重大。我並不缺乏與神或靈性相關的智慧，因為我完全瞭解這個「童真基礎」[16]是什麼。當你瞭解了那個無知無覺的「童真基礎」，那個「本然」[17]，你就不會在靈性或世俗追求上有所匱乏。

世界是一個念頭嗎？

一九八〇年四月八日

問：我們所看到的世界是一個念頭嗎？在某些地方有這樣的記載：當你看到世界時，你看不到眞我；相反，當你看到眞我時，你看不到外在的顯現。

尼薩迦達塔：世界只不過是你自己作為「我」[18]的能知之力所產生的影像。就好像你接到一通電話，告訴你，你在，於是世界就馬上出現了。在你熟睡時，你感覺自己醒來了，於是，夢中世界也同時出現了。伴隨著「我在」[19]，醒位和夢位[20]中出現了世界。

問：沒有自我的存在，人能看到世界嗎？

尼：自我何時存在呢？當你要有所作為的時候，自我就存在了。無論觀察到什麼，傳遞到你這裡時你都自動接受了。你緊緊抓住它，記掛著它，於是正是這樣，自我就介入了。你看到一些木材堆在路上，你認為你是一個木匠，然後開始琢磨如何使用這些材料；一旦起心動念，自我就出現了。如果你誰都不是，就不必為建築材料操心。你會只是看到那些木材，然後從一旁走過。一旦木材離開了視線，也就從頭腦中消失了；但是當你接收到傳遞過來的顯現時，你會對其深思熟慮，自我就已經介入了。

問：所以，當去考慮如何運用所看到的東西時，那就是自我形成的時候？

尼：是的，這就是它的本性。

問：回到我的另一個問題，當世界被看到時，眞我就無法被看到；當眞我被看到時，世界就無法被看到，是這樣的嗎？

尼：那是另一條路。當你知道你在，世界就在；如果你不在，你的世界也不在。

問：眞我和「我」一樣嗎？我說的是「我在」和自我，即「我是個男人」這種念頭之間的區別。安住在「我在」這種「能知」中時，世界存在嗎？看得見嗎？

尼：當你剛醒來的時候，你只有存在的感覺，沒有語言，這是最初的基礎，這是前提；後來，你完全知道你在、世界也在，但那是一種幻相，就像兔子的犄角一樣。而最終，世界就像夢境。要非常透徹地理解這一點；你現在太關注自我了。剛才對自我的剖析，你明白了嗎？

問：我想我明白了，讓我再問一個問題，也許我就可以搞清楚。用蛇和繩子的類比（在燈光昏暗的地方看到一根繩子，而把它誤認爲是蛇），如果我們用此來比喻世界，那錯誤的認同在哪裡呢？

尼：真我，就是世界。你在說的是去除真我和世界之間的認同，不是嗎？首先，弄明白真我，瞭解什麼是真我。先認識真我，然後才能認識世界。世界出現的原因正是你意識到了你在。

問：在醒位，怎麼可能完全失去對世界的感受，而只是融入眞我呢？

尼：你得請教太陽，問他：「你怎麼擺脫你的光？」……光是太陽的外顯。你能把光從太陽中分離出來，或者把太陽從光中分離出來嗎？因為太陽在，光就在；因為你在，你的世界就在。

因為「見證」的狀態展現了，所以你在；因為你在，「見證」就被實在地感覺到了；因為太陽在，光就在。如果沒有「見證」本身，那見證者[21]何在？仔細想想吧。

問：「本然」是見證者嗎？

尼：有兩個見證的階段：「本然」[22]見證著所有的外顯；這種「本然」，以及能知之力的見證作用，是在永恆的基底，即究竟實相之上發生的。

原初一念

一九八〇年四月十四日

尼薩迦達塔：只要你對這個外顯的世界感興趣，你就沒有時間去尋找源頭。源頭就是這種能知之力，當你還是個孩子的時候就出現了。你現在從事的任何行為，其源頭就是你孩童時的那一刻。在那個孩子身上，最重要的特性，是這「化學要素」，即能知之力，它記錄下了影像。從那一刻起，你開始積累知識，而在此之上，產生了你現在的行為。

大家對我的話太感興趣，以至於沒有人真正想知道那個童真的能知之力是什麼。只有在能知之力中站穩了腳跟的時候，才會知道童真的能知之力。這是唯一的辦法。

問：與成人的能知之力相比，童真的能知之力暗含著一種返璞歸真。在那種狀態下，是不會去想到什麼成人或兒童的能知之力的，有的只是如其本然，沒有進一步的作意。

尼：孩子的能知之力和成人的能知之力沒有區別。

問：如果小罐子內部的空間與大罐子的相同，又怎麼分辨出哪個才是小罐子呢？

尼：宇宙的種子[23]是無有維度的，但由於身體，能知之力出現了，並認同了身體。然而實際上，一切都是昭然遍在的能知之力。那種「我愛」[24]是昭然的。對於整個宇宙來說，沒有得失的問題，只有認同身體時，才會有這種問題。

當你進食的時候，是誰在吃？是「純淨我在」[25]。食物也含有「我在」，所以當攝入食物後，你維繫了你的「我在」[26]。雖然「我在」蘊含於食物中，但沒有人會把自己當作食物。他們說：「這是我的午餐；我不是這個。」但當食物消化後轉化為身體的一部分時，他們會說：「我就是身體。」他們這就搞錯了。

問：我渴望能住於智者所處的境界。

尼：那你必須得了解「明覺—我在」[27]。智者與明覺[28]是一體的。

問：如其本然，就可以擁有這種明覺嗎？

尼：你已經是那個了，但你必須試著瞭解你自己。

問：如果靠如是本然就能明白，那麼就不涉及任何覺知。

尼：此刻你認同身體，所以參不透。當你真正成為那個時，你會逐漸明白的。

問：如果「我在」之中只有存在感，概念又從何而來？

尼：因為命氣[29]，心念的流動才會存在。心念意味著語言，所以想法才會存在——它們都是概念。去看你的源頭，童真的能知之力，然後終結它[30]。

問：事實上困難在於，能知之力都是一樣的，要如何才能找到源頭呢？

尼：「能知」就像一棵樹，但它是從一粒種子[31]中長出來的，所以要回到種子那裡。你現在擁有的能知之力和你在孩童時的是一樣的：把握住那個，就足夠了。只要「能知」存在，那麼對你來說，一切就都是如此的重要，但如果它消失了，那麼這個世界對你來說又有什麼意義呢？知道這粒種子的人是誰？留意這個「純淨我在」是如何出現的，你就會明白。你就是這個昭然的純粹本然，接受這個認同，不作他想；這個純粹本然，正是你所見的這宇宙、這一世的精髓所在，而現今，你只是披著身體這件外衣而已，這點你要好好記住。生活中的大小事你都記下來了，為了好玩，你何不也記下這一點，看看會發生什麼？當你仰望月亮，知道「只因你的存在，月亮才存在」的時候——看看會發生什麼？因為你在，月亮才在。這一偉大的見地，這種喜悅，你要直接去體驗，去享受。

問：一定有某種力量產生了萬法。

尼：這力量正是真我，蘊含於每個人的「本然存在」中——這種力量是有時間限制的。從出現「存在」那一刻，就自動地創造出一切，直到該「存在」消失。在此之前，什麼都沒有，在此之後，也什麼都沒有。只有在「存在」持續的時間裡，世界和萬法才是存在的。這種力量正是對「我在」這個原初一念而生的信念，而正是那個原初一念編織出了森羅萬象之網。整個顯現都只是此念的展現。

在占據這個身體之前

一九八〇年四月十五日

尼薩迦達塔：當能知之力與其自身相會之時，那就是三摩地。當一個人什麼都不知道，甚至不知道他什麼都不知道，那就是三摩地。

問：身體會變得僵硬嗎？

尼：身體變得靜止。後來，意識不到身體了。當一切都感覺不到的時候，那就是「自然三摩地」[32]。

問：覺受是熾熱的，沸騰的，裡外皆是；它會引發出一點熱。

尼：那很自然。當五大元素相互混合時，就會發生林林總總的事情。在那個階段，五大元素藉由色身以各種方式展現出來。所有人都不一樣，也不一定是一致的——每個身體會以不同的方式表現和反應。因此，不同的聖人有不同的教導。所有人共同的資本[33]是醒位、睡位，以及作為「我在」的「能知」[34]。

問：我照馬哈拉吉說的做了。我審視了那個童真時的能知之力，也思考了種子和樹，我已經解決了這個難題。

尼：這些問題解決後還剩下什麼？對此你能做點什麼嗎？

問：不能。種子消失成爲幼苗，幼苗變成一棵樹，最後樹消失了。孩童時的種子消失成爲了青少年，等等。

尼：它不是消失，而是轉變了。現在剩下的是超梵。

問：有一種兒子回歸到父親的感覺。

尼：這種感覺是產生於源頭的內部還是外部？「父母」只是名稱，為了稱呼那個眾所周知的源頭所用的。當人去理解一件事時，他除非抓住要領，將之命名了，這樣，他才會說自己理解了。名稱什麼都不是。父親、母親、孩子是三個不同的稱謂，但這三個代表同一個東西。存在的，只有唯一，如是而已，而那三個名字和編號都是在命名同一個東西。普拉克瑞蒂和普魯薩[35]的結合就是我自己；普拉克瑞蒂和普魯薩只是名字而已，他們沒有形相。這個話題只適合那些真正感興趣的人。

菠蘿蜜是一種很大的水果，有厚厚的果皮，果皮上布滿了尖尖的突起。果肉在內部，再裡面的才是種子。食用完了果肉之後，剩下來的種子還能種出更多的果實。人類的身體也是一樣，外面的只是殼，人使用的是內在的「本然」。種子則可以用來播種，而那香甜，即「我在」的味道，珍視著自己，並想不惜一切代價地延續下去。

在占據這個身體之前，你是無形的；身體自動產生了，而當身體產生後，會有一種本能的渴望，要回歸到無形的狀態。當你想回到無形的、無所求的狀態時，你才會來到這裡，探尋你究竟是什麼。能知之力必須認識能知之力。當它明白了自己時，你才會回歸到正常。

問：來這裡的人中有誰已經成爲智者了嗎？

尼：很多來這裡的人都學到了知識，但流於表面。沒有人真正研究過這些知識究竟是什麼，也沒有人真正掌握了全部的含義。那麼他們在忙什麼呢？他們與需求和欲望糾纏不清，把真知拋諸腦後。很少有人能正確地掌握，並了然於心。一旦你瞭解到當下的行為活動的起源，以及欲望的成因與本質，那麼你才能回歸到真正的你。除非對此堅定不移，否則你是不會明白的。

要有能力去靜候消息

一九八〇年四月十九日

尼薩迦達塔：你來到這裡，就這麼坐著，但這並不意味著你要每天二十四小時沒日沒夜坐在這裡。你來一段時間，然後離開，之後再來。就像這樣，這個身體也只是一個短暫的棲息之所。

安住在究竟實相中，就會清楚區別「存在」和先於「存在」。

問：奧義書中提到，古時候弟子必須緊緊跟隨在上師身邊，不能開口說話，一年後，他才能提問。

尼：當坐在離上師很近的地方時，他內在接受這種教導的能力，就會成熟起來，理解力也增強了。這發自內在，並非由外而來。

你必須作出決斷。你必須忘記你是身體這種想法，你只是「明覺—我在」，無名無相，如如其在。當你安住在「本然」中，它會把所有的智慧和祕密都賦予你；而知道這些奧祕後，你就超越了「存在」，而你這個究竟實相會知道你也不是能知之力。在獲得了所有這些智慧，洞然一切之後，一種平靜會瀰漫開來，寧靜安然。「存在」被超越了，但「存在」依然還在。

問：那是什麼境界？

尼：就像鹿在樹蔭下休息。樹蔭下既不亮，也不暗，處於過渡地帶。既不是一團烏黑也不太明亮，介於二者之間，樹蔭就像這樣。深藍色，就像雲彩，就是那種狀態。這也是自性上師[36]的恩典。一切都是從那個境界中流出的，那就是「道」，「道」並無所求，從它之中流出的一切，它也不會捲入其中，但這個「存在」是隨處都在的。那種深沉而黝黑的狀態，自性上師之恩典，就是智者的境界，這是一個非常、非常罕見的自然三摩地的狀態，最自然的狀態，最高的境界。

你必須堅信於此。一旦作出了決斷，就不要偏離。你靈修的成就，是要充分地瞭解自己的真實本性，安住在你的真實身分中。要有耐心，有能力去靜候消息。

你閉上眼睛時所看到的黑暗，那就是上師恩典的庇蔭，不要忘記，要永遠放在心上。在上師恩典的庇蔭下休息吧。無論何時憶起上師的話語，就會身處上師恩典的庇蔭之中。

最終，一切都融入了真我。你可能會遇到重重困難，但你會無所畏懼，毫不動搖地安住於真我之中。

從未有過「我活著」的體驗

一九八〇年四月二十三日

尼薩迦達塔：要去熟悉你的那個沒有差別的狀態，也就是你的真我。你與真我從未分離，但你卻有錯覺，覺得你與它不是一體。

我瞭解我的真實本性：它總是鮮活的，但不是人所想的那樣。靠著對客觀世界的覺知，或依賴種種體驗而活一輩子，並非我所願。有人告訴我，我必須活下去，但我可不想那樣活著。我活著是因為我自己的本性：「它」在那裡，那個存在還在，我之所以還在，只是因為那個存在。我的真實狀態是一體的，無有差別，超越生死。我從不被自己的身心所束縛。我是不受限的。

我乃究竟實相，從未有過「我活著」的體驗，而現在我正體驗著「我活著」。拜其所賜，我也體會到一大堆麻煩。這種體驗有時空上的限制；但當我明白整件事的前因後果，我就知道，我從未有過「我活著」的體驗。這個境界超乎一切體驗。

為什麼會這樣？我的上師曾明確地向我解釋過，作為「我」的能知之力出現了，這些體驗就產生了，所以你可以看到能知之力的真實本性，去到源頭，找出這個「我」是從哪裡來的。

問：我病得失去了知覺，和馬哈拉吉生病失去了知覺，這兩者之間有什麼區別？

尼：我知道我的真實本性，我就是「那」，然而你受限於身心，因此可能會覺得你現在生病了，那麼，就叫醫生來吧！他或許能做點什麼。這些都是你會有的想法，但我沒有。我在自己的真實本性中酣睡，而你卻得裹著毯子睡覺。

當你生病的時候，你難道不是滿腦子都想著自己的病嗎？你為什麼要落到這步田地？當我對你說話的時候，不要想從認同身心的角度來理解。你的真實狀態一直都在；它沒有去哪裡。雖然過去你不知道它在，但現在你知道了，你什麼都沒做。它一直都在。

在我一體而無別的真實狀態中，剛泛起一圈小小的漣漪，就傳來了消息：「我在」。這個消息改變了一切，於是我開始知道這些差別；但是，現在我知道自己的真實狀態，所以說，我首先明瞭的是我的真實狀態，然後我明白這個漣漪是在我的真實狀態中出現而又消散的。然而，對你來說，你只對漣漪感興趣，而對你的真實狀態卻沒有興趣。

從本體（Noumenon），即我的存在中，出現了這種能感知（phenomenal）的狀態。純一無別（的本體）瞭解各種屬性的遊戲，以及心念的投射，但那遊戲、那心念的投射，卻不能瞭解純一無別。一旦它努力瞭解「它」，它和「它」就會融為一體。每個人都在努力瞭解這一切的意義。你不明白，是因為「我是這個或那個」像一件件束身衣一樣把你束縛住了。脫掉它們。

最究竟的見解是：沒什麼要去瞭解的，所以說，當我們想去瞭解的時候，我們只是沉溺在頭腦的伎倆之中。

不管你渴望知道什麼靈修上的事，都是發生在這個客體世界裡，發生在幻相中；你的行住坐臥，無論是物質上還是精神上的，都在這場幻相中。所有這一切都發生在客體世界裡，都是不誠實的。在這場騙局中沒有真相。

問：昨晚禪修時，有一種純粹的「我－我」狀態。我認爲這就是認出了眞我。

尼：這就是真我的真正含義嗎？快說！不管你是怎麼理解的，都不是。你為什麼要迷失在概念裡呢？你不是你所知道的，你是那個「知者」。

你是從「道」之中萌生而出的

一九八〇年四月三十日

尼薩迦達塔：我所是的這個能知之力，創造並維繫著世界上所有的奇蹟，而人卻把這些奇蹟歸功於自己；但在另一方面，這種能知之力是無法支配自己的。

你是從「道」中萌生而出的，「道」有巨大的力量。上主黑天曾說過：「來禮拜我，虔信我吧。」這是什麼意思呢？「明覺－我在」在你之內，只是去崇拜這個。用上主黑天無以倫比的品質來充盈你的存在；你的存在就是上主黑天，虔信於此吧。

在最初的階段，你的虔信會是一種臣服。你崇敬某種道，並臣服於這種道。而在最終階段，你會成為整個宇宙。

你對某種「道」的信心，不會一成不變，會與日俱進。

你們所有人都像乞丐，手裡拿著個要飯的碗，就想討一點神，裝在碗裡。要認識到，你之「純淨我在」是神性無染著的形態；純粹的神[37]的狀態就是你之本然。

你們在聆聽這樣的靈性開示，這很好，值得讚揚。然而，你們並沒有擺脫對身心的執著，經常陷在與身心相連的人際關係或親密行為裡。要對你的「本然」具足完全的信心，讓它成長為昭昭然然的神之道。它是全能的。冥想[38]於此吧。這很簡單，但同時，又非常深刻。能知之力是神性的種子。如果我們真心重視它，向它祈禱，那麼它就會綻放為神性的花朵。若我們不予以重視，它就不會開花結果。

最大的敵人，最好的朋友

一九八〇年五月四日

尼薩迦達塔：你把自己當作身心，所以我面對的問題是，如何才能讓你明白並非如此。

上主黑天說：「一切都是我的展現。」如果是一座金山，那麼山上的每一粒塵土都是金的。我就是那座山，每一粒塵土都是我自己。整個「存在」的顯現就是我自己，而每一個生靈都是我自己的一個樣本。每一個生物中的「明覺─我在」，都是我自己。這種生命的力量[39]，閃耀、明亮、光芒四射、內在的「道」，正是我自己。

如果有人全然徹底又恰如其分地瞭解我的話，他就能在我本然存在的慈愛清涼中，得到庇護。

智者的狀態，那個最究竟的境界，是超越了「本然存在」的，但「存在」依然在，所以和「存在」同在的，是究竟實相──那深藍色而慈愛的境界，沒有眼睛。

明覺在那個深藍、寧靜、平和、慈愛的清涼中休憩。當庇蔭移開時，他會看到以宇宙和世界的形式出現的各種外顯。但當庇蔭在時，它是深邃、黝黑的狀態，全然的放鬆。

問：馬哈拉吉會停止說話嗎？

尼：只要還有夠格的人在提問，談話就會流出。我的時日不多了。還有其他問題的話，就問吧。

問：我想盡可能一直待在這裡，待在馬哈拉吉身邊。

尼：就算你會回去，已經播下種子的，不管你所接受到的是什麼，都會改變你。你是完全圓滿的。

問：我也有這種感覺。我很感激在我生命的尾聲，被帶到了這裡。

尼：你來到這裡也是自發的。難得有人能有幸來到這裡；到了這裡，如果撒下種子，那就一定會發芽。這可能需要時間，但肯定會發生。

就像當下「本然」是自動呈現的，你事先是不知道的，而我將要說的，它已經發生了，所以談話也是自動發生的。

這個「純淨我在」的感覺，存在於每一個生命中；這種「本然存在」懷著對究竟實相的愛，它是究竟實相的一種表現。當你認同了「我在」，你就把自己和究竟實相分離開來，你會感到支離破碎、孤單，也產生了各種欲求。但在究竟實相中，無欲無求。遍在的，唯有究竟實相。真相就是，全體是梵[40]，無非是梵。在一個全體是梵的狀態中，伴隨著「存在」的感覺，即「我在」，割裂開始了，自他分別產生了。但是，這個「純淨我在」[41]並不僅僅是一個微不足道的基礎，它本身就是穆拉摩耶[42]，即「原初幻覺」。我現在講解的東西，不是給一般大眾聽的，因為他們還沒有達到能理解我說的話的層次。因此，我讓他們去唱誦拜讚歌、持咒、禪修。做了那些，淨化了之後，他們會有足夠的資質來接受我說的話。

問：從「無相」[43]之中，顯現就這樣發生了？

尼：誰在問這個，為什麼問？

問：我想知道。

尼：除了你之外，沒有什麼是遍在的，一切都是你。我又能給你什麼答案？如果你想牢記這次會面，如果你敬愛我，那麼請記住「我在」這一基礎，沒有這一基礎的號令或指示，就什麼也不要做。

當今世上，芸芸眾生都在為自己的事情而忙碌，連好好吃飯的時間都沒有——他們都站著吃。這些就是幻相[44]的特徵。絕妙的幻相法則把你吃得死死的，而你也對她言聽計從，最後，你自己的光，那個「本然存在」之光，就熄滅了。那你又能何去何從呢？

問：我會去尋找另一個身體！

尼：這都是一個概念而已。在生於世間之前，你記得以前的經歷嗎，你還記得什麼嗎？

問：不記得，但我在書上讀過。

尼：我不想聽別人寫過什麼，我只想知道第一手的，你自己說出來的。如果你都不在，其他人會在嗎？〔瞭解這一點，〕對你來說還不夠嗎？

問：但我無法想像一個我不存在的狀態。

尼：那是沒有關注點的超梵的狀態。「我在」的那種關注點，在超梵中是不存在的。

問：我們來自超梵狀態，並在「存在」消失後再回到那個狀態嗎？

尼：從究竟實相降落到這個世界，就像是一場夢的出現。在夢中，你又能去到哪裡呢？認為「我就是身體」，這是最初的無明。「你就是顯現」，能知道這一點的正是明覺，而明覺會融入「無明覺」，那就是超梵。

問：但我從梵歌裡瞭解到……

尼：把它扔掉！無論你明白什麼，那都不是真相，應該全部拋棄。你一直想抓住點什麼，並緊抓不放。接受我告訴你的，如其本然。不要被概念牽著走。不要使用文字，如實地去看待你自己。很少有人明白我所指的是什麼。

你用心用錯地方了，你所談論的都是在這個「存在」出現了之後。你要用心在「存在」之前，注意那個，去處於那個狀態。你要是敢說我是無神論者，請記住，我每天唱四次拜讚歌。

那個幻相是如此強大，它將你完全束縛其中。幻相意味著「我在」，「我想要存在」[45]。除了這種「想要」之外，它是沒有實體的。「我在」這一明覺，是你最大的敵人，也是最好的朋友。雖然它可能是你最大的敵人，但如果你適當地安撫它，它會轉過頭來，引導你達到最高的境界。

迷戀著「存在」

一九八〇年五月八日

尼薩迦達塔：在母親告訴你，你是男孩或女孩之後，你後面獲取的進一步的資訊，都是通過道聽塗說而來。你主要的資本是「知」[46]、醒位和沉睡位。

只需記住這一點：真正的弟子隨時準備放棄他的身體和生命呼吸來達到證悟。安住於上師的教言之中。只安住於「純淨我在」中。

五大元素和三德[47]組成了你的身體和「存在」。當你安住於自性上師時，自性上師會向你指明，你也是你之「存在」的見證者。對自性上師要有信心，你就是「那」。這樣的一位自性上師是纖塵不染的。無論「他」是什麼，都是永恆存在的，但我們卻被概念淹沒了。在「存在」的世界中，能知之力照顧著每一隻蟲子、每一隻小鳥、每一個人，照顧著所有的生靈。這就是「存在」要面對的問題。每個物種都懂得生存的藝術。

現在有人說我患了病，所以把我帶去見了很多著名的專家，他們給我制定了一些醫療方案。我拒絕接受任何治療，因為治療是針對身體的，而身體是沒法保證永生的。他們承諾，我會好轉一段時間。我對這種承諾不感興趣。我已經穩定於「永恆」，對現在這種生活、這種負擔，我沒什麼留戀。我想盡快地擺脫它，我對此毫無興趣。

問：可是您是祜主。

尼：我不是祜主，護佑是自然而然發生的。

問：有些人很值得您去護佑；您難道不能爲了他們，聽取建議，讓他們滿足嗎？

尼：那樣做是沒法讓人滿足的。要得到滿足，他們應該往內尋找。你想以這麼世俗的方式來從事靈修，讓我覺得很遺憾。假若所謂的死亡發生在我身上，實際上是發生了什麼呢？是五大元素在消亡，但我總是遍在的。早在這個「存在」與世界之前，我已經安住於此。無論世界發生了什麼，我都不受影響。

那個曾認為「我出生」的頭腦，現在已經死亡。不能用出生或頭腦來衡量我。有這麼多所謂的智者，但他們渴求的是世俗的知識。你明白我指的是什麼嗎？你貪求的是世俗的知識。

你擁有能知之力，而你努力去弄明白今生的所有一切。你能控制能知之力嗎？你能一直擁有它嗎？不。它隨時都可以離開，你沒有權力宣稱這是我的能知之力，我可以保留這樣或那樣長的時間。

你非常喜愛你在這世間的棲身之所：這副身體。你不想達到超越身體、身體出現之前的狀態。你迷戀著這個「存在」狀態。

求道者，你追求的是什麼？

一九八〇年五月十一日

尼薩迦達塔：「能知」在身體中起著見證的作用；而行為是由三德來完成的。能知之力是無所不在的，像虛空一樣，無形無相。

如果生病或受傷，這種病痛是有形相的嗎？這只是發生在能知之力中的變化。能知之力的知者[48]不會疼痛，只是因為能知之力把自己當作身體，身體才感覺到了疼痛。能知之力不存在的時候，即使身體被割傷，也不會有痛苦。所以，並不是身體感覺到疼痛。當五大元素的平衡發生紊亂時，疾病就會產生，疾病或疼痛是在「能知」中才被感知到。

就像在冬天，〔身體的〕熱度會越來越低，當這種身體認同越來越弱時，感受到的痛苦也會越來越輕，當你到了不認同身體的境界時，一個人可以把他的手放在火中卻感受不到痛苦。火還在起作用，但卻不會感受到疼痛。

那麼，假如我在某一時刻感受到了痛苦，然後發生了一些事情，我的注意力被轉移了。因為別的事情讓我分心，我不再感覺到我前一刻的那種痛苦。很多時候如果我覺得全身發癢，我會去抓，但在公共場合，我不會搔癢，所以只能忍著；忍著忍著，搔癢就消失了。但有時我們去抓，哪怕皮膚被抓破流血了，還是癢。在馬拉地語中我們有一句諺語：

「癢，是越搔越癢。」痛苦和苦難大多如此，如果關注它，它會被激發出來，然後你不得不遷就它。不要去關注，無視那些病痛，它們就消失了。你必須有忍受痛苦的能力。

身體中的能知之力沒有一絲瑕疵，它的特質就是這樣。但是，當你認為你就是身體，從理論上說，你可能會染污能知之力，但在本質上，它是非常純淨的。命氣很純淨，而這種「本然」[49]與之相比更加純淨。我在談論的是阿特曼[50]，也就是真我。對於那些沒有正確認知的人來說，這一真知會讓他們很挫折。你的目的是要從正確的角度看清事物的狀態。看清之後，就盡你所能地在這個世界上生活吧。

永生超越了時空；在那永恆無限的存在中，五大元素、明暗、日月，都不得其門而入。永恆無限的存在，不知道它在。「那」就是實相，「那」就是真實。

無論你做過多少禪修，或諸如此類的修持，你都無法保持在你的真實狀態中；只有當你堅信你就是至高無上時，你才能穩定於究竟實相中。

一般來說，普通的求道者是聽不懂我在說什麼的，因為他在尋找某種他可以享受的東西。身為求道者，你追求的是什麼？你在尋找世間的好處，好讓自己生活無憂——這是你對靈修最大的期待。那些所謂的聖人，專志靈修，卻在追求日子過得舒適愜意。「我究竟為什麼會出現、存在？」沒有人探究過這個問題。

只有善惡業報走到盡頭的人，才會來到這個地方。只要還有「你就是這個身心」的記憶烙印，你就不會明白。

這番話總結起來，也就是「自性—上師—超梵」[51]。在那種狀態下，無有所求。我的狀態，是從未感受過宇宙的生滅。這方面，我還沒講解過。宇宙生生滅滅，我不受影響。

刻意去愛人，那是行不通的

一九八〇年六月二十七日

尼薩迦達塔：醒位和睡位，以及作為「我在」的「能知」，這三者並不是你的屬性[52]，而是那種「化學要素」[53]的屬性。「出生」這個詞是對什麼而言的？難道不是身體裡的，使身體有了知覺的那個嗎？「化學要素」代表的是真我對它自己的愛，希望自己能延續下去。

如果人還沒有了悟到自己是什麼的話，所有的體驗都將是一種受苦的方式。所有的體驗都因記憶而起；體驗僅僅是能知之力中的變動，因此無法持久。福禍吉凶，來來去去。如果你有一個正確的見地，世界還是照常運轉，但會充滿了平靜的感覺。

大自然有死亡的法則。如果死亡不存在，記憶就會累積到無法忍受的地步。人生老病死，記憶都被抹去，所以才有平衡。

問：大家都知道事物是暫時性的，但在享受一樣東西的時候，卻又好像它會永遠存在。有什麼可做的嗎？

尼：無論你做什麼，都會以災難收場，但你會不停地這樣做下去，因為這是身體意識[54]的本性。

死亡被認為是一種痛苦的經歷，但要明白是怎麼回事。已經出生的「明覺—我在」將會終結，而那個被身體所限制的明覺，屆時會變得無限，所以有什麼好怕的呢？

問：我害怕的是不能去愛，也不能被愛。

尼：要知道，有意識、刻意去愛人，這是行不通的。必須先要明白愛是什麼，然後愛就會自然展露出來。對真我、「能知」、「我在」的愛，明白這種愛才是真愛的人，他們自己也成為了愛，一切都融入其中。

這種使身體得以運作的「化學要素」，是小中最小，大中最大。它包含了整個宇宙，它本身就是愛和神。能知之力這種「化學要素」，提供了光，使世界得以運轉。那種愛不是對個體的愛。那種愛，是居於一切眾生之內的「基礎」，它就是生命之力[55]。從這種情感上的愛入手，駐於你的「本然」。無論發生什麼，都發生在時空中被客體化了的「那個」之內；從完全的空無中，產生了萬象。身體誕生了，占據一方，然後又離開，但究竟實相不受影響。不管發生什麼事，這種永恆的狀態都是遍在的。有形可見的世界也都融入了虛無。然而，虛無也是一種狀態——所以，連虛無也會進入究竟實相的狀態中。

問：我是怎麼開始認同身體的？

尼：你所說的這個「我」，困在身體中，想要知道答案的這個「我」是什麼？

問：我不知道。爲什麼我就是不知道我是誰呢？

尼：我只能知道有別於我的東西。如果沒有對比的對象，那個東西怎麼可能知道自己呢？它是獨一的，沒有身分，沒有屬性。我們只能在能感知的現象層次談論它。

我生病了。這是什麼病？它是發生在什麼之上？疾病與展現為身體、呼吸，以及「明覺—我在」的那些，是不可分離的。這是個聚合體，已經被創造出來了，無論發生什麼，都包含在這聚合體中。在受孕前，我是有別於它的，被創造之後，我還是有別於它。它已經出現了，它會延續一段時間，然後會消失。時間帶來了這一切，時間也會終結它。現在，所孕育的和所出生的，難道不是都一樣了嗎[56]？那個「我」[57]，從受孕到此刻都沒有改變。它已經出現有段時間了。

被孕育的那個開始生長，某些「明覺—我在」的展現很成功：有些人成為了神的化身，有些人在不同領域有所建樹。時限到了，這些大人物和他們的豐功偉績，都灰飛煙滅。他們可能存在了很多年，這種「純淨我在」在某些情況下可能會存活幾百年；然而，不管時間有多長，都還是會結束。

有一些神的化身和智者明白了「純淨我在」是什麼，明白需要一副身體才能顯現自己，而身體只能從性交中產生。明白了之後，他們不再繼續留在與顯現分離的明覺之中，也不再只是觀察著顯現，他們開始給予教導，教導那些概念中的〔個體〕——顯現的一切人事物都是概念性的。他們說：「不要發生性關係。」許多神的化身和智者都給出了這樣的建議。奏效了嗎？雨就不再下了嗎？人口停止增長了嗎？沒有。造化會順其自然。只需要去理解，並不需要做任何事。

只需要記得一件事：始終保持不變，遍及整個宇宙的，是這個「純淨我在」[58]。就這整個顯現而言，它是最高的神。

究竟而言，連這個也都是暫時的，我的本來面目，是先於各種感官的，是沒有空間、沒有時間、沒有屬性的，但在顯現的世界，這個「純淨我在」是最高的神，你必須與之合而為一。

問：當肉體死亡時，如果我仍然認同身體，是否意味著會再次輪迴？

尼：只要你認同身體，那麼，凡是經文中提到的，你都必須遵守。如果你失去了對身體的認同，那麼，你想怎麼做就怎麼做。

能知，是一個事件

一九八〇年六月二十九日

尼薩迦達塔：無論你對自己抱有什麼樣的概念，都不可能是真實的。「我在」是概念之首，必須讓它在世間安身立命，它才會得到滿足。重要的是，要知道這只是一個概念。

問：在世間，這個概念總是想占據首位。即使對孩子，我們也會說：「你考試要考第一。」把自己的喜好及個性強加給別人，是錯誤的嗎？

尼：錯誤在於你認為自己局限於這個身體和外形。我試圖傳授的真知，是授予「明覺—我在」的，它在你們每個人之中，沒有什麼不同。如果你想以個體的身分去獲得這種智慧，你永遠也不會如願以償。

問：如果「我在」是一個概念，然後它消失了，那怎麼知道這個概念已經消失？

尼：「我在」這一概念，是要在其存在之時去被理解的。一旦它融入了本源，那個想知道的人（或東西）還在嗎？那個虛幻的個體已經消失了。

問：我確信這個「我在」是一個概念，它會結束，但爲什麼我應該認爲它是虛假的概念？

尼：這一想法是怎麼出現，什麼時候出現的？難道這一想法的出現，不也僅僅是那個概念自身之中興起一個波動嗎？如果沒有能知之力，念頭就不會存在。

「能知」是一種暫時的狀態，它產生於全體、永恆、無限、不變的狀態之上。它是一個事件，它已產生並且會消失。

這個被生出來的身心聚合體，在時限之內經歷悲歡離合；只要我知道我不是那個體驗者，而是知者，我怎麼會被捲入其中呢？

這清清楚楚。我只是觀察著身體、頭腦和能知之力在發笑或受苦。受苦時，它會哭，沒問題，就哭吧。享樂時，它會笑。我知道它是暫時的，如果它想離開，就讓它走吧。在與你交談、傳授真知的同時，我承受著難以忍受的疼痛[59]，如果真的受不了，我可能會哭出來。隨它去，我不在乎。只要你還不明白能知之力是什麼，你就會畏懼死亡；但當你真正明白能知之力，那時恐懼就會消散，也不再會覺得自己將要死去。

這種能知之力有其時限，但能知之力的知者則是永恆的，那個知者，即究竟實相。

智者最幸福的時刻

一九八〇年七月一日

尼薩迦達塔：一旦身體消失，那個體驗到自己是基督、黑天、佛陀等等的明覺，也消融了，並與整體合而為一。如果你用語言侮辱他們，他們也不會來問你為什麼要辱罵他們，因為體驗到自己是上述其中之一的那個明覺已經融入了整體。現在也一樣，你可能是一位很偉大的人物，但當你睡著後，你也會忘了自己是一個單獨的個體。

不要認為自己是一個個體，只需安住在「本然」之中。全部的問題都在於感覺自己是個獨立的個體，一旦這個念頭平息了，那就是真正的喜樂。伴隨著「我在」的升起，整個顯現都出現了；那個見證所有行為活動的，就是「我在」，它創造了所有這一切，幻相、各種習性、各種屬性。這就是我想告訴你們的，但是你們想要的是別的，想要顯現之中的東西，因為你們想要知識。

那個「明覺—我在」是新來的，它並非「真實」；「真實」的那個我不會告訴你，語言悖逆於「那個」。不管我告訴你什麼，都不是真相，因為這些都來自於「我在」。真相溢於言表。

你四處遊蕩，為了個體收集知識。積累這種知識沒有助益，因為它是夢中之事。

問：對這麼多人來到這裡，馬哈拉吉有什麼看法？

尼：我沒差。你們來聽我講，然後離開。想要，就拿去；不想要，那就走吧。這個房間裡的虛空既不贊成，也不反對，也不會去愛另一個房間裡的虛空；它們是一體的。

就像一條流淌的河，你如果想喝水，就掬水而飲，透體清涼；否則，就讓河水流過吧。我沒有跟你們收費，就像河流不會為取水而收費一樣。你每天都會花很多錢，算了吧，把你的錢收起來吧，用我的水吧。

既然說到水了，我要帶你去的是水的源頭，一條涓涓細流從那兒淌出，隨後匯聚為河流、港灣，變成了大海。我一次次帶你去到源頭。一旦你去到源頭，你就會知道其實沒有水；水就是「我在」的消息。

只有一個基礎，就是「我在」這一基礎。因為你在，一切才存在。緊抓住它吧。你已經聽到了，現在就這麼去生活吧。

問：我的職業是醫生，所以總是很忙，我怎麼才能做到像馬哈拉吉說的那樣？

尼：你每天都在忙世間的活動，但是在晚上睡覺之前，忘了白天的一切，想想我對你說過的話。就從我對你說過的話當中，拿出一句來，跟隨著它，這會指引你去到你的源頭。（馬哈拉吉講了一個故事）有一個人遇到一個男人，這男人給了他一點喝的，然後告訴他：「我在這飲料中下了毒，六個月後你就會死。」那個人非常害怕，深信自己會在六個月後死去。後來，他遇到了一個朋友，他對朋友講述了發生的事情，並說自己將在六個月後死亡。他的朋友叫他不要擔心，並〔拿出飲料來〕說：「來，喝了這個，如果你喝了它，死亡就不會降臨。」於是這傢伙高高興興地喝了下去。

有了第一個觀念後，他充滿了恐懼，並確信自己會死；隨後，朋友給他灌輸了另一個觀念，否定掉了第一個。獲取概念、想法、新事物，反覆如此，這就是「命氣」的一大特性。只有當你探尋你之真我時，你才會意識到這一點。

一切幸福的源泉就是你之「本然存在」，待在那裡。如果你隨波逐流於幻相，就會有痛苦。你想從幻相的活動中獲得快樂，這是「本然存在」的產物。住於你的「本然」之中寂寂不動吧。

要記住我的話，去回味，去回想。它會帶你去到寂靜。安住在這種認知之中。

問：會發生什麼？

尼：你會看得清清楚楚，就如同看你手上的五根手指一樣清晰。觀察一下，這個身體由五大元素組成，由於這五大元素的身體存在著，你之「本然存在」，即「能知」出現了。

你之「本然存在」源於這個「食物之身」[60]以及命氣，於是你能夠覺察到所有這些要素——身體、你的命力[61]以及你之「本然存在」；但是你必須安住在這種明覺之中。簡而言之，你要清除掉那種對自己身心的認同。做到這一點，你即是神，你就是梵。

問：那我怎樣才能提升到更高的層次呢？

尼：別管它！不存在提升到更高層次這個問題，只有領悟不領悟的問題。神是五大元素、宇宙，以及「純淨我在」的顯現。在究竟實相之上，「純淨我在」的見證作用出現了。這就是究竟實相的立場，即成就者〔的立場〕。這種領悟不是你一個修行者能得到的。修行者，就意味著在神之法則，也就是在能知之力之中，逐步站穩腳跟的過程。

問：昨天晚上，感受到身體之中有一陣強烈的振動。事實上，沒有身體，只有振動，無形無相，非常強烈。

尼：不管那振動是什麼，都是五大元素的產物。

問：這難道不是對「我在」的一種體會嗎？

尼：如果你想要那麼說，也可以。這些是五大元素、三德、普拉克瑞蒂以及普魯薩，共十種。這些都是你之「本然」的展現。

問：那麼，馬哈拉吉說不要去成為「身心」，堅定在這種能知之力之中，這與這十種元素有什麼關係呢？

尼：那次談話，說要去超越身心而安住在自己的「本然」之中，是針對幼稚園程度的靈性追求者，是最低的層次。但現在，我是在對已穩定於「本然」之中的修行者而說，第一堂課已經結束了。

問：哦！

尼：你的世界，你的宇宙，是你「本然」的展現。在第二步，修行者需要安住在「本然」、神之法則、顯現之中。修行者即是顯現。

現在，聽了所有這些談話，有人會在離開這裡之後，對遇到的人說，「我見了一位馬哈拉吉，他的講法讓人更加困惑，完全摸不著頭腦。」

問：馬哈拉吉的教授非常清晰。只是它發生得如此之快，而且又很清晰，太快了。

尼：這種顯現是任運自顯自成的，但是你仍然想要改變一些什麼，你還在糾結於此。

問：這正是我要說的。能知之力知道自己是一切，知道自己即是神，然後由於身心狀態所具有的某種根深蒂固的習慣，突然之間、自動產生了一種想要改變或調整一切的欲望，而在那一刻，另外一個東西出現了，它說：「你是無法改變它的，它是怎樣就是怎樣。」這就是眼下的情況。

尼：要明白你沒有參與其中。

問：所以來這裡對我很有幫助。

尼：究竟實相是超然物外的。在睡著的狀態下，「我在」被遺忘了，他忘記了他自己。「我在」受制於清醒及深度睡眠狀態，但究竟實相也是如此[62]。你不會完全理解，但是當你安住在「本然存在」中，超越其上之時，你就會明白自己是如何超越沉睡位和醒位的，因為這些只是「本然存在」的特徵而已。

問：那個究竟實相，「他」知道「我在」沉睡後發生的事情嗎？

尼：「我在」是一種工具，只有「他」在用「我在」觀察著。當你聽我說話的時候，你會心存一些概念。如果你聽到與你的概念相吻合的東西時，你就會很高興，你說這是真知，但我完全否定這一點。我要破除所有的概念，把你安放在一個沒有概念的狀態之中。

你之「本然存在」是最精微的，同時，粗重的特質也潛藏其中。拿榕樹的種子來說：它很小，很細微，但所有粗重的物質已齊備，暗含其中。你之「本然存在」是最精微的，然而它仍蘊含著整個宇宙。這是一個連續的過程，種子包含一切，重複、重複、再重複。所謂的靈性求道者想要得到梵，但是怎麼做到呢？由於他的要求，梵就應運而生了。你想要根據你的概念，去重新創造梵。

問：這只會讓人離眞相更遠。

尼：一切都是真相，究竟實相。梵是從你的「本然」之中創造出來的。所有這些梵都是幻相、無明。從究竟實相的角度來說，你之「本然存在」也僅僅是無明而已。

當你走上這條了悟真我這條靈性道路時，你所有的欲望都會下降，連那主要存在的欲望也會褪去。當你安住於「本然」之中，一段時間後，那個欲望也會消失，於是，你就在究竟實相中了。

問：這就是今天所發生的事情，在意識到這一點時，有點感傷，然而同時也對究竟實相有種深刻的領悟。

尼：這只是「能知」不斷反反覆覆，從究竟實相中脫離出來。你乃究竟實相，是無有變化的，只是看著這場表演而已。

一旦處於能知之力中，就會明白能知之力的本質。「能知」正在熄滅，「知」正在消失，但是沒有什麼會影響到你，因為你就是究竟實相，就算到了死亡的時刻，又有什麼大不了的呢？命氣正在離開身體，「我在」正在消退，但其實它正往究竟實相去。這是最偉大的時刻，永恆不朽的時刻。「我在」曾經存在過，升起過，而我眼見它消亡。無明之人會非常畏懼死亡的那一刻，他會掙扎；但是對於智者，這是最幸福的時刻。

「能知」和命氣的融合

一九八〇年七月六日

尼薩迦達塔：世界上發生的一切都是建立在「命氣之力」[63]的基礎上的，但是作為見證者的阿特曼（真我）是完全在此之外的；沒有任何行為可以歸因於阿特曼。

只要你還不了解「命力」，即「命氣」，藉由「命氣」發出的四種語音類型，就是它的語言，只要你不認識它，那麼無論頭腦告訴你什麼，你都會信以為真，頭腦給你的那些概念對你來說就會是不可更改的。

問：四種語音類型[64]是什麼？

尼：它們是（一）超越層（源頭—能知之力）；（二）初期層（念頭的迸發）；（三）表達層（想法—詞彙的組織成形）；（四）詞語層（語言從口中說出）。一般無知之人，不知道超越層和初期層開啟了整個過程，它們太精微了；他會在表達層上下功夫，這就是頭腦，然後他說話（詞語層）。

頭腦拋出語言和想法，由此我們誤認自己就是「我」或「我的」，然而，一切發生的事情都不屬於見證者，而是以「命氣之力」[65]為基礎所發生的。這種「能知」[66]誤將自己與身體、思想、語言連結在一起，認為自己負有某種罪孽，或因為做了某些事積了功德，然而一切只緣於「命氣之力」的運作。

明白這一「命氣」（亦即「命氣之力」）的人，超越了所有精神上的概念。不了解的人，是自己心念的奴隸。

問：在長期持誦咒語後，咒語會不會消融？

尼：咒語和對咒語的信心都會消融。咒語有其特定的目的。在印度，咒語有很大的功效。專注咒語時，咒語背後的形象會在虛空中出現，但所有這些都是有時效性的。人類為了保存自己，保存「能知」，發展出了各式各樣的技巧。

我不再關心，也不再想要身體跟命氣延續下去。

這三種狀態[67]和三種屬性[68]所形成的聚合體已經出生了，無論發生什麼，都只是發生在那個聚合體之上，我對此毫不關心。這就是為什麼我無所畏懼，這種疾病可以令他人崩潰[69]，但我卻無動於衷。

我已經知道我並非出生的那個，但對與我連結了很長一段時間的那個，依然還是有少許的依戀，這是由於長達八十四年[70]的連結所產生的一絲依戀。就像我遇到一個認識了很久的同鄉，他來了之後又要走了，於是我會與他道別，還是會有那麼一點點的依依不捨，因為我已經認識他很久了。

被生出來的這個「能知」認為它是身體，通過三德來運作，但我與此無關，整件事情都是個幻覺。

問：在死後，記憶不會再延續了嗎？

尼：要有甘蔗或糖，才會有甜味。如果身體不在了，怎麼會有記憶呢？「存在」本身消失了。

問：那怎麼知道還會剩下什麼？

尼：這間屋子裡有二十個人，二十個人都走了，那會剩下什麼呢？但已經離開了的人，是無法知道剩下的是什麼的。所以，在那個無相的、沒有認同、不受限的超梵中，還有誰來提問呢？

這是需要被領悟的，但不是被某個人：體驗和體驗者必須合一，你必須成為體驗。這個超梵像什麼呢？答案是：孟買是什麼？別告訴我孟買的地理和市容情況，把孟買掏出來給我看。孟買是什麼？這是沒法說的，所以超梵也一樣。超梵是掏不出來，也帶不走的，你只能是「那個」。

問：我們想得到馬哈拉吉所享有的境界。

尼：永恆的真理就在那裡，但它不是用來見證的。這種頂著宗教或靈修名義的學習，或任何你想去學習研究的，都放棄吧。只做一件事：那個「純淨我在」或能知之力，是至高的神性之「道」；只要命氣還在，它就在，它目前是你的本性[71]。你只崇拜那個。那個「純淨我在」就像甘蔗的甜味，安住在你「本然存在」的甜味中，只有那樣你才能抵達並安住在永恆的寧靜中。

問：在馬哈拉吉面前，我感覺到我身體中命氣的能量被極化和強化了。

尼：禪修會淨化「命氣之力」，當它被淨化時，真我之光就會閃耀出來，但是，起作用的就是命氣之力。當這種淨化過的「命氣之力」和阿特曼（真我）之光融合在一起時，那麼概念、頭腦、想像，一切就都被帶走了。命氣之力是行為的基礎，而給人以知覺的是「能知」。

問：這就是傳統上濕婆和莎克蒂[72]所代表的含義嗎？

尼：濕婆意味著「能知」[73]，而莎克蒂意味著「命氣之力」。各種命名應運而生，大家只著眼名稱，卻忘記了基本的原則。

只是冥想靜坐著，讓「能知」自行展開。你現在明白了些什麼？

問：這種「能知」開始感到自身越來越大，命氣和身體的能量變得更加高漲與強烈，這似乎是淨化過程的一個階段。

尼：當這個「能知」和「命氣之力」融合時，它們傾向到梵穴[74]處，並安住於此，然後所有的心念都停止了。這是三摩地的開始；之後會從三摩地中退出來，「命氣之力」又正常的活動了。

眾神之中的至尊

一九八〇年七月九日

尼薩迦達塔：要明白，並不是獨立個體擁有能知之力，而是能知之力掌管著數不清的（個體）形態。有什麼東西出生或死亡嗎，這純粹是虛構的。是不孕女的孩子[75]。

當這個基本概念「我在」缺席的時候，就不會有心念，就不會有「能知」。

問：馬哈拉吉曾經說過，如果安住在「能知」，即「本然存在」中，你就會超越「能知」，而這會自然地發生。這是真的嗎？不需要再做點什麼嗎？

尼：假設我坐在這裡，你來了，我知道你在，這見證自然地發生了。有做過什麼嗎？沒有。就是像那樣，這很簡單，你應該能明白。就像生芒果變成熟芒果一樣，就這樣發生了。許多人在「能知」的狀態中得到了滿足。

問：我不會滿足的，除非我處於馬哈拉吉的狀態中。

尼：無論此刻你認為自己是什麼，當你擺脫了那個，而你的真實本性，無論是什麼，都會自然展露。遵循上師的言教吧。

問：當我們讀到馬哈拉吉的教導時，會非常想和他在一起。對此會有一種極大的喜悅。這重要嗎？或許是必不可少的？

尼：這對於消除你所有的疑慮非常有利。這就是為什麼需要有問有答。在這裡你會擺脫所有的概念。靠近檀香樹的樹木也會有同樣的氣味，只因為靠得近。

什麼是真我？如果你想擴張，整個世界都是表象。同時，「存在」這粒種子，它非常微小，就像一個「我在」的原子或針孔[76]。

那就是愛的源頭。這樣的潛能就藏在那兒，為整個世界提供了愛；它藏在「我在」這種子中，剩下來的就是那個「我在」。那個「我在」的針孔或感覺，是一切本質之本。

一個人必須堅定地聽從或相信上師的言教。在這裡，我不會重複或模仿其他聖人的所作所為。我不捍衛任何宗教。我沒有特定的姿態或立場，甚至對於我自己是男是女這件事也一樣。一旦你採取了任何的姿態或立場，你就不得不去維繫它，就要遵守相關特定的行為準則。而我只安住於真我中。

我不相信有人在我之前存在。當我之「本然存在」出現時，一切都出現了。在我之「本然存在」之前，什麼都沒有。我原本就沒有染污，沒有遮蔽。

「究竟真我」是真我的內在核心，最高的真我。「究竟真我」之體沒有染污，它比虛空還要精妙。

你為什麼會死？瞭解那個初始的時刻，就是當你知道你在的時刻。因為什麼？怎麼知道的？

一旦你明白了，你就是眾神之中的至尊，是生起萬物的那個「點」。源頭和終點是同一個「點」。一旦你明白了那個「點」，你就從那個「點」解放出來了。沒有人想去瞭解「我在」是如何出現的。我，究竟實相，不是這個「我在」。

在禪修中，你之「本然存在」應該融入其自身，一個非二元的狀態。保持安靜。不要想用力走出概念的泥潭，你只會陷得更深。保持安靜吧。

恩典意味著全體、完整，沒有割裂

一九八〇年七月十五日

尼薩迦達塔：我所說的話對你產生了什麼影響？

問：馬哈拉吉說的都是眞理，但我也請求他給我指條明路。馬哈拉吉說，修行是走不通的。但要堅定地認爲我就是能知之力，是一件非常困難的事情。我正在實踐。

尼：誰在實踐？它是無形的，它住在這個身體裡。要實踐多久，又能得到什麼呢？僅僅安住於真我吧。在此之前，修行會一直持續；一旦徹底穩定在真我中，客體對境、正在實踐之人，以及實踐的過程就都消失了。「桑卡帕」[77]代表一種需要，一種目標。

問：什麼是「桑卡帕」？

尼：你想要拿一個醫學學位，那就是「桑卡帕」。修行，就是學習、練習、做功課。你今天想見我，那就是「桑卡帕」。你走到這裡，爬上樓梯，那就是修行。那個「桑卡帕」是無形的，製造「桑卡帕」的那個也是無形的。只要你還認同著這個身形，就會繼續實踐下去。一旦你達到了目標，即你不是這個身心，那麼就不需要實踐了。

問：是的。

你對《薄伽梵歌》很有信心，對嗎？

尼：《薄伽梵歌》是上主黑天所唱的一首歌。他唱出了這首歌，就像我現在對你唱出了這番話一樣，這就是梨俱之歌[78]。你讀過《薄伽梵歌》，吟誦過，也背下來了。但什麼才是重要的呢？你一定要去知道唱這首歌的黑天，必須得到他的智慧，那就是他所代表的。

這難道不是化身嗎？簡短說來，從虛無產生了身體；虛無降入了身體中，那就是神的化身。通常，我們說從虛無中出現了一個「人」，但是對於這些偉人、大聖人，你會稱之為「神的化身」。你這是在努力瞭解黑天嗎？不，你在創造某種概念，想以此瞭解他。這是不對的。他出自虛無。這是怎麼發生的？你必須去瞭解這個化身，降為神的化身、人身，這是怎麼一回事？在化身產生出來之前，那個人格對自己一無所知，在降下來之後，才開始瞭解自己。你有什麼看法？

問：在神的化身產生之前，他對自己沒有覺知？

尼：在降入這個化身之前，「覺知」這個特徵是不存在的。

問：但是超梵……

尼：這些都是概念上的稱號和名字，是禁錮你的枷鎖。在真我的核心中，沒有任何強加的稱號或名字；在核心之外，你接受了這些東西。

任何體現「明覺—我在」的人，只運用名字在世間方便行事，而他的「我在」那個內在的核心，並不受名字束縛。一旦明白了我只是「我在」，而不是這種受束縛的身體，那麼就不需要所謂的解脫了；因為，這本身就是解脫。

你們都深知歷史上關於室利．黑天的故事，但是你們必須要瞭解這個化身代表什麼。名字都是手銬，是枷鎖。每個人都因為對身體的認同而受到束縛。放下那個姓名和身形，請繼續發言及提問。

問：我僅有的幾句話，恰恰是關於名字和身體的。是表示感恩的話。感謝自從我來這裡後，馬哈拉吉賜予我的加持。在一個人的一生中，竟然能看到一位聖人，這是一種無與倫比的恩典，聽聞他的教導，能這樣沐浴在他的恩典中，這讓我無比感恩，我實在找不到什麼方式去感謝他。

尼：你所說的「恩典」是什麼意思？恩典意味著你來見我了。你所是的那個，和我是一個。你明白我們是一體的，這就是恩典。

問：這種時候就是最難理解之處。

尼：恩典意味著全體、完整，沒有割裂。

（另一個提問者）問：為什麼我被排斥在外？為什麼我看不到眞相？

尼：你被排斥在外是因為你認同身心，認同那份你是一個身體的記憶。放棄那種認同、那份記憶，然後，凡你所見都是真相。

這是一個非常罕見、非常寶貴的機會，你能借此看到三樣東西匯流為一：身體、命氣之力、「純淨我在」之感，僅憑這個，你就可以直抵究竟實相，安住其中。

以靈修為名義，大家從事著各種類型的行為，像持咒、苦行等等。一旦你接受了那個「做為者」的姿態，你就得遵循行為準則，因此所有的苦難因之而起。這樣不究竟，你去不到究竟實相那裡。

對你來說，第一步是崇拜命氣；把注意力放在命氣的脈動上，與此同時，持誦名號。你這樣做，會淨化命氣，在淨化的過程中，「本然」會敞開。專心持誦神的名號，就是專注於命氣。咒語的意思是，你既不是名字，也不是身體。

一天二十四個小時中，這個命氣，或命氣之力，藉由各種覺受，記錄著你經歷的種種畫面，記住了一切相關的東西[79]。你能靠你的頭腦做到這一點嗎？

（新來的人）問：我看到《山路》[80]上的一篇關於馬哈拉吉的文章，於是我來祈求得到他的加持。

尼：在靈修上有進展很好，但當你最終了悟到你自己時，你會得出結論：一切都是無用的，是累贅，多餘的。

問：這就是爲什麼我要祈求獲得馬哈拉吉的加持，從而能得到那樣的體驗。

尼：在那種最高的境界中，並沒有體驗。被體驗的、體驗本身、體驗者，都是一體。

問：馬哈拉吉能推我一把，讓我達到那種境界嗎？

尼：有人[81]推了你一把，這就是為什麼你能來到這裡的原因。你被從前向後推，退入到源頭中。（對另一個人）你的話匣子失靈了嗎？

問：在我得到這個身體之前，我知道一切嗎？

尼：你是完美無缺的。

問：僅僅因爲被困在這個身體裡，所以我很苦。

尼：你是怎麼找到你父母的？請仔細想一下。

問：因爲我有欲望嗎？

尼：暫時讓我們假設你有欲望，但先告訴我，你是如何找到你父母的？

問：我不知道。

尼：無論你不知道的是什麼，都是完美的。無論你知道什麼，都是不完美的，是欺瞞。

問：就是因爲我被困在身體裡，我很痛苦，想要成爲完美的，而我並不完美。

尼：被困在身體裡，你為什麼要煩惱呢？

問：誰在煩惱？那不可能是我。

尼：那個煩惱的人不是你，是頭腦。（馬哈拉吉用英文說：「你……不！」）現在我說的是英語。

問：英語被賜福了。

尼：我的教學正是通過英語在外國人中傳播的。他們非常聰明，非常優秀，人數眾多。美妙之處在於，我的真知將在國外迅速傳開。先傳播到美國，再從那裡傳回印度。等印度人接觸到時，他們會說：「外國人都認可了，我們也該承認。」這就是印度人的天性，印度人就是這樣。如果有人去美國或英國工作，即使是去洗盤子，當他歸國時，許多人都會去接風，獻上花環；那就是我們的天性。

問：拉瑪那尊者是一位偉大的聖人，他在印度默默無聞。保羅．布魯頓[82]用英語寫了一本關於他的書，之後每個人都去拜見他，他變得很出名。

尼：我同意。保羅．布魯頓發現了拉瑪那尊者，而摩里斯．佛里曼[83]發現了我。

那裡沒有入三摩地，也沒有出三摩地

一九八〇年七月十九日

尼薩迦達塔：在這種從粗到細的靈性層次上，你是最精妙的。這個怎麼能被證悟到呢？最根本的基礎是你不知道你在，但突然之間，「純淨我在」的感覺出現了。在它出現的那一瞬間，你就看到了虛空，心中的虛空，那個精微的、像天空一樣的虛空，你就安住在那裡吧。你就是那。當你能夠穩定在那個狀態中時，你就僅僅是虛空。

當「我在」這個像虛空一樣的身分認同消失時，空間也會消失，就沒有了空間。

當那個像虛空一樣的「我在」被忘掉後，那就是永恆的狀態：無相[84]、無形、無有「存在」。實際上，那裡有發生過什麼嗎？「我在」這個消息其實毫無消息。涉及到這一方面，我沒有多少能說的，因為這是沒法用語言表達的。

問：馬哈拉吉會進入三摩地嗎？

尼：我安住在最高的層次。那裡沒有入三摩地，也沒有出三摩地；都結束了。

問：我們應該繼續禪修嗎？

尼：這並不意味著你可以以此為藉口放棄禪修，你必須堅持禪修，直到你達到某個層次，覺得沒有了禪修的時候。一旦達到了禪修的目的，禪修就會自然地被放下。

問：達到至高狀態的方法是什麼？

尼：進入那種狀態是理所當然的。你就是至高的狀態，無論你有多少無明，都會消亡。醫生建議我不要說話，所以我不說了。

問：是不是不想死，不想失去您的身體？

尼：智者不會關心那個。

問：是不是存在著一種欲望，不是說真我，而是身體層次上的？

尼：你可以這樣說，這是那「存在」的例行行為。這非常玄妙。你得拋棄你所知道的、你所讀過的一切，要對無人所知的「那個」擁有堅定的信心。與「那個」相關的資訊，你都沒法得到，但對「那個」，你必須擁有堅定的信心，這多難啊！

大多數人都達到了那種「是」狀態的狀態，但沒有人達到那種「不是」狀態的狀態。很少有人能達到那種狀態，它超越了一切明覺。

最本質的是「明覺—我在」。占有它，把它據為己有。如果沒有它，就什麼都不會有。只有借助「明覺—我在」，才能獲得所有層次上的智慧。

從「不知」的狀態，即究竟實相中，「我在」這一「能知」自動出現了，沒有理由，沒有原因。伴隨著醒位、沉睡位、五大元素的活動、三德，以及普拉克瑞蒂和普魯薩，「能知」就這麼自然而然地產生了。然後，「能知」接納了身體，把身體當作自己，因此以為自己是個男人或女人。這個「我在」本身就有要存在下去的欲望：它想要繼續存在，使自己永遠延續，可是，它不是永恆的。

這就是「過眼雲煙」[85]，可以用下面這個情況說明：假設我一直都很健康，然後突然生病了，醫生給我開了藥，三天後我就退燒了。所以這三天的發燒就相當於「我在」這一「能知」。完完全全是一樣的，猶如過眼雲煙，一個有時間限制的狀態。這個「我在」熱衷於延續，不能小看它，它是非常神聖的法則。這個「純淨我在」包含了整個宇宙。

大家會說，這一切都是虛幻的。那麼何時才能證明是虛幻的呢？只有領悟到這是個暫時性的階段的時候。伴隨著領悟，一個人會處於究竟實相（的立場），從那裡會認識到這是一種暫時的、不真實的狀態。

以我目前的狀況，我無法說得太多。難就難在你們一直認為這是真實的，我就不得不去反駁這一點，就需要我說很多話，但我現在力不從心了。所以，你們現在走吧，去做拜讚吧。

這齣戲正在上演，而你不在其中

一九八〇年七月二十日

尼薩迦達塔：在這個世界上，你一直靠身心經歷著各種體驗，但是你對自己的〔真實〕身分有多少瞭解呢？你對自己的形象有個認同，但那個認同只是暫時的。

問：什麼是心？

尼：心即是命氣所產生的語言。這種「心語」只會對它所收集到的各種印象進行談論。「明覺─我在」不是一個念頭，而是對念頭的觀照。

「唵」音[86]，元始之聲音，它超越了命氣，在那個聲音裡，有存在的意願。最內在、最精微的法則，正是「我在，我在」，那個令人痛苦的基礎，就是因為它，不用語言，你就知道你在。它沒無形無相，只是「本然如是」，只想存續。

「究竟之力」[87]就是「本然」、「存在的意願」。「究竟之力」的下一階段是「究竟寧靜」[88]開始成形，但尚未能被感覺到。再下一個階段是心的形成，即語言在頭腦中形成，其次是詞彙的迸出，從口中說出話來。這之中，哪裡有你？這是一個正在發生的過程。

我這是在為你揭開你自己的「本然存在」的核心祕密，解釋它是如何產生的。這就是我一直在談的。

這齣戲正在上演，而你不在其中。當你愚昧無知的時候，你認為你在這個顯現的世界中扮演了一個角色。其實沒有人是故意去演的，這都是自動發生了。在此之中，沒有什麼是你能據為己有的。當你徹悟之後，你就會得出這樣的結論：這種「本然存在」也是一種幻覺。

問：誰能識別這是幻覺或無明？

尼：只有認出或洞察這一切都是無明的人才可以。不了解「那個」[89]的人，只能見證和瞭解無明；而知道這一切是無明的人，才是了悟之人。你為什麼稱我為智者，聽我的開示？因為我已經認識到並洞悉了那個「童真的無明」，那個「純淨我在」，並且超越了。最後，你必須明白，你用來說話、行動、在這世間做事的基礎[90]，並不是你。

問：關於歷史上的古聖先賢，我讀到並聽說過數不勝數的故事，他們都各不相同，建立的教派等等也都不同，爲什麼會這樣呢？

尼：他們順應時代和局勢來傳授自己的觀點，不過這些觀點只適用於那個時代和當時的環境，後來，他們的觀點漸漸發展成為了各種宗教。

你們都認為自己在靈修上頗為通達。在你想從中利益自己之前，首先，要弄清楚你真實的身分是什麼。

我為什麼會占據了這副身體？

一九八〇年七月二十一日

問：我爲什麼會占據了這副身體？

尼薩迦達塔：因為你那時是愚癡的。如果你當時對此有所瞭解，你就不會來到這個世界。

問：起初，我沒有任何形態，不是嗎？

尼：是的，即便現在你也沒有任何形態。這個身體不是你，它是屬於種子[91]的。

問：就像樹從種子裡長出來一樣，「生長」難道不是種子的本性嗎？

尼：的確是它的本性。

問：所以，這不是我的錯，是種子的愚癡。

尼：因為種子是愚癡的，於是就這麼生長出來了。種子是原初的愚癡狀態，然而，種子被賦予了多麼冠冕堂皇的稱號啊。種子是短暫的，整個世界充斥著無數種子。所有的五大元素，整個的客觀世界，都在那粒種子裡。你不是種子，你是種子的觀察者。

好幾世紀以來，西方人都對靈修不感興趣，但現在他們意識到，儘管生活富裕，但無法得到真正的平靜，所以他們在追尋真理。你越接近真理，你就會逐漸喪失對世俗事務的興趣。這樣的人，對世上的東西，不會特別感興趣，一言一行就像個普通人。

所有靈修的本質，無非是對真我、神、世界做出一個結論，下一個判斷：它究竟是什麼？你必須先解決這個問題。

因為你認同身體，這個世界充滿了自私。一旦你瞭解了這些法則是怎麼回事，那麼你就消融掉個體人格，而在此過程中，自私消失了，因為你不再是一個個體。

問：我如何才能處於我的眞實狀態中，並消除我的恐懼呢？

尼：你已經處於你的真實狀態了。因為頭腦，二元性出現了，所以你會害怕。之所以認同身心，是出於對身心的愛，這種愛是會消失的，因此每個人都害怕死亡。

問：世界是透過我的各種感官呈現給我的。當你超越「純淨我在」的狀態時，你是否還會體驗到這個世界？

尼：沒有「超越」的問題。我從未出生過，也不會死。不管是什麼，一直就是那個。「超越」只是一個想法，旨在消除你積累的其他所有想法。

你想到了出生，對於你的出生，你知道些什麼呢？

問：一無所知，我不知道我出生了。我覺得我眞的沒有出生，但這個世界看上去卻如此眞實。

尼：別去管這個世界。首先從「我在」這裡開始，然後再搞清楚世界是什麼。找出這個

「我」的本性。

問：爲什麼要去找出這個並不眞實的「我」呢？

尼：正是這個種子，產生出了一切。如果種子不存在，宇宙就不存在。你是怎麼來到這個所謂的客觀世界裡的呢？現在，一切都將被抹去。我懇請各位，為了利益你自己，回家去吧。

不要誤以為你在做什麼

一九八〇年七月二十二日

尼薩迦達塔：所有這些討論都是觀念上的交流和精神上的娛樂，只是為了消磨時間。

問：如果人不努力的話，將一事無成。

尼：不要以為一定要有什麼進展。你會繼續做一些事情，動腦也算，但是那個明白自己圓滿了的人，他會怎麼做？

問：好吧，但這其中自欺欺人的成分，難道不是很大嗎？

尼：會自欺的這個，是誰？

問：依賴經驗存在的自我。

尼：沒有實體存在。一個被感知到的客體，是不可能達到什麼目標的，它只是一個感知的對象而已。

問：難道不需要努力置身事外嗎？

尼：「什麼都不做」要怎麼去做呢？

問：我們通常的生活方式就是去認同。如果我們置身事外，會有品質上的差別嗎？

尼：繼續你的消遣，但不要誤以為你在做什麼。

問：爲什麼我說「我即是上帝」的時候，別人不來禮拜我呢？

尼：如果你真正明白你就是上帝，那麼在這一堅定的信心產生之前，你就會失去自我認同，你將與全部顯現融合在一起，那麼，誰會期待誰來禮拜呢？

問：有沒有什麼事是靠個人的意願去做的？如果一個人想保持清醒，持誦咒語，或禪修，並不斷防止自己睡著，他也不算在做什麼嗎？

尼：在求道的階段，他這樣做或許是對的，但是他很快就會發現在求道的過程中，求道者消失了。一旦求道者消失，就沒有要做什麼的問題了。之後，求道者會明白，做這一切的，不是他的真實本性[92]，而是被貼上「出生」標籤的那個東西，那就是把自己與身體，以及清醒、睡眠的狀態聯繫起來的能知之力。做著一切的，是那一堆東西；而他，不是那些。這個身體是可被感知的，但是我的真實本性是「那個」——在身體和能知之力形成之前的「那個」。任何在感官上被看到、被頭腦詮釋過的事物，都只是能知之力中的假象，不是真的。我不是在跟你講非我所體驗的事情，我是在告訴你我所瞭解和體驗到的。其實非常簡單：這是有時間限制的，而任何有時間限制的事情都是不真實的，因為時間本身就是一個概念。

我告訴你們的，正是基於這個簡單的事實，基於我的親身體驗。如果此刻它作為一個概念能吸引你，那就接受它。否則就算了。

如果你總是想做點什麼，就做你根本做不了的事——那就是「無存在」的狀態。

問：頭腦就是停不下來，一直躁動，想要實現些什麼；這本身就是一種障礙。

尼：你，是先於頭腦的，還是在其之後的？

問：是先於頭腦的。

尼：所以別擔心頭腦了。把你使用頭腦的時機，限制在日常生活的所需上，不要超過這個範圍。

尼：了悟之人，只是見證著或消除掉任何可以通過頭腦獲得的體驗，因為這些體驗沒有實質。世界這一整齣戲劇，都發生在頭腦的領域裡；一旦你明白了你不是頭腦，你還要擔心什麼呢？這是一個暫時的階段，是不完美的，是不足的。

問：即使「本然存在」也是一個不完美的暫時階段？

尼：「能知」是食物精華之身[93]的產物，身體是維持「我在」的燃料。你難道沒觀察到身體是什麼嗎？它難道不就是一小撮食物和水嗎？現在你被捲入了這個「我在」之中，但是你是究竟實相，並不是這個「我在」。

問：您的意思是，即使是「我在」，我們頭腦所以爲的，和實際上並不一樣？

尼：可以這麼理解：如同好的或壞的體驗，就像肚子疼或脖子疼一樣。在我完美的狀態之中，我是從來沒有過痛苦的，但當「我在」在那裡，我會突然感到疼痛。那個「我在」會消融，會消失，當「我在」不在的時候，我就是完美的狀態。我很清楚「我在」是不真實的。我忍受著這種「本然存在」，就像在忍受慢性病一樣。要明白我是在什麼層次上談論，我要引導你到什麼層次。

試著想像一下，這場靈修談話達到的高度。在每個地方，一般的靈修都是去崇拜這個有許多稱號的「能知」，但對我來說，它是一種痛苦，我想要擺脫它。

別去認同，隨它去吧！

一九八〇年七月二十三日

問：馬哈拉吉說，眞正有必要的是要保持覺知。但頭腦不斷地產生懷疑，特別是一直認爲要修得更多，要做更多。

尼薩迦達塔：一切活動都是屬於能知之力、頭腦和命力的範疇。頭腦的「知者」只是一個見證者，不加以干涉。

上師的恩典意味著了悟你的本來面目。當你安住在這個信念中，那將開啟並賜予你所有的智慧，那就是恩典。

如果你存在，那麼萬事萬物都存在著，不可窮盡。對於你的本來面目這一事實，你不予重視；而你之「本然存在」所展現出來的一切表象顯現，卻讓你忘乎所以。

問：我的習性是向外看，而不是向內看。

尼：那是你的「我在」的性質，而不是你的，不是究竟實相的。你把身體接納為你自己。這也是膚淺的，你又不知道體內發生了什麼。

問：的確是這樣。我不知道器官內發生了什麼，也不知道它們是怎麼運作的。

尼：在這個廣闊的世界裡發生的所有行為，林林總總，也都發生在身體裡。

問：那個眞實的，不知道「它自己」。

尼：在那個狀態下，你不知道你在。靠了「本然存在」這個工具，或者說在它的幫助下，你才知道你在。

問：靠著這工具，我們努力去超越嗎？

尼：不要努力超越「能知」，只需要認出、明白「本然存在」是什麼，以及它所玩弄的把戲。「能知」不是真實的，這證據就只是在你那裡。你，究竟實相，就是那個證據。自動地，不請自來地，這個「本然存在」已經產生，這個「本然」正在被你這個究竟實相，見證著。繼續提問吧，你不會再有這樣的機會了。

問：不是很有衝動要問問題，就是想和馬哈拉吉在一起。

尼：這很好。只要靜靜地坐在這裡，聽開示，你的頭腦就會被消除。就算頭腦再次發芽，你可以藉由提問來制伏它。

頭腦正在萌芽，用各種觀點來表達自己。別去認同，隨它去吧。你不要買帳就好。

問：譬如準備食物、定時吃飯、賺錢這樣的事情，這些都是頭腦的概念，頭腦的反應。如果人不對這些事情做出反應，那他如何生活呢？

尼：用頭腦吧，這當然可以，但不要迷失在頭腦裡。觀照著頭腦，去旁觀心念的流動。

你現在醒著，這本身就是一個概念

一九八〇年七月二十六日

問：我來見馬哈拉吉，是希望他能給我的這次求道旅程劃上句點。

尼薩迦達塔：你能把你所理解的告訴我嗎？

問：一切都是概念，都是幻覺。

尼：是的。

問：我不再相信那些需要花費時間和遵守戒律的修持，我全都做過了。我想結束這一切。

尼：最基本的事實是，你不是身體。現在你必須清楚這一點。你在這世上做事，你認為是你在做那件事，但真正發生的是這個：命氣之力，當它展現為念頭和語言時，就是頭腦，所以正是這個命氣的頭腦、命氣之力的頭腦，才是行為背後的法則。「本然存在」，即「能知」，是見證著命氣之力和頭腦運作的上帝。它不干涉；它僅是旁觀者。你不快樂的原因是，你認為是你在做事。

問：我意識到我說的任何東西都是我的「能知」中產生的一個概念。

尼：你之所是，世界之所是，都是概念。你一定得知道這點。

問：這一覺知是如何運作的？我的意思是：您告訴我這些話，然後會有一種明白了的感覺。這是一個心理過程嗎？還是有個認知體在見證著這一切嗎？

尼：因為「能知」，頭腦才能理解。

問：那一切都是自動發生的嗎？

尼：是的。無論是什麼概念，都是頭腦作出的解釋，概念從「能知」這個基礎瞬間升起。

問：如果不能改變這種「能知」，無法觸碰到它、不能靠語言抵達，那麼還有什麼要去獲得的呢？它一直都在那裡，現在就在。那我們在這裡是爲了什麼呢？做事是屬於頭腦的，這很清楚，它就像一個自動機一樣在運作。我現在明白了。我想讓這顆頭腦臣服於「能知」。您理解嗎？

尼：所有這些概念化的描述、所有這些說法，都是在最初的概念「你在」產生之後才發生的。在這個概念產生之前的狀態是什麼？那時候你有什麼概念、有什麼需求嗎？

問：就像深度睡眠？

尼：「像深度睡眠一樣」的這個概念，倒是沒錯，而它仍然是一個概念，最初的狀態是超越了概念的。

問：那實際上是什麼呢？

尼：你現在醒著，這本身就是一個概念，你要了然於心。

問：這是一部電影。

尼：回到源頭。在「存在」，即「我在」這個概念出現之前，你的狀態是什麼？

問：我不知道。

尼：那個你所不知道的，就是正確的狀態。在獲得了這個「能知」之後所產生的一切，就像吃了就拉的瀉鹽一樣，它是無用的，「能知」是無用的。

問：所以求道，它所有的方方面面，都是無用的？

尼：拋棄所有的想法、所有的體驗、所有在能知之力出現之後才產生的一切。除了把它們當作無用的東西丟棄之外，除了去堅定這個理解外，就沒有什麼可以做的了，你會越來越全心貫注在這理解裡的。

一切修行的最終意義就是你

一九八〇年八月一日

尼薩迦達塔：你做的所有出世、入世的活動，都是基於個體的認同。作為個體的你，想要解脫，但仍然作為個體而活，這就是困難之所在。

不管你認為自己有多少領悟，只要你認為，你是個體，獲得了智慧，個體的身分認同就仍然存在。

有所進步，得到一些可見的成果，這樣的人是瑜伽士，但因為他的自我認同還在，所以他會滿意這個個體所取得的成就。

你必須理解這個「存在」的兩個面向：這種卑微的物質性是與生俱來的，同時，儘管這狀態本質上有所局限，但「能知」可以做到的，沒有止境。瞭解了自己的真實本性和全部潛力之人，怎麼可能滿足於這種有限的狀態所能帶給他的任何東西呢？

此外，安住在究竟實相中的力量是如此巨大，以至於大家無法想像在究竟實相中是怎麼回事、是什麼樣子。因此，他們能想到的只是「能知」狀態下的自己。

問：我們處在「能知」中，這要怎麼理解？

尼：你現在正處於那種狀態，但你總是想通過身心來下判斷。你仍然執著於你的身心。就算你能活到一百歲，你還會希望再多活個五年。在究竟實相中，是毫無欲求的，甚至不求瞭解自己。

問：這種暫時的狀態會從究竟實相中產生，一定是有原因的吧？

尼：由於五大元素的摩擦或相互作用，這一暫時階段就出現了。打個比方，有兩個親密的朋友，他們認識了很久，但突然之間出現了一些摩擦和分歧，於是爆發了爭吵。

問：在臨終時，在身體上和精神上都可能會有一種極其痛苦的經歷。

尼：並不總是如此。對於頭腦中已經清除了所有概念的人來說，死亡將是非常幸福的。

你已經非常博學，也有靈性的智慧，但即便擁有了這些，在臨終時，你會打開你的「日記本」，裡面記錄著所有與你相關的人事物。

問：有您的祝福，我會平靜地死去，我不會牽掛任何人。

尼：安住於最高的境界中吧。你什麼都不必做，只需要傾聽。如果你聽得對，一切都會發生。現在我告訴了你這個「存在」是什麼，它是五大元素遊戲的結果；那個「知」[94]是這個「食物—身體」[95]的結果，而你不是它。那麼，為什麼要擔心「知」的離去呢？

你，是出現在你之上的「能知」的見證者，你明白這一點了嗎？你不是「能知」，你不是明覺，自性上師才是你的真實本性。

「能知」與世界、宇宙是不可分的，它們是一樣的。這是我的幻相，它從我而生，同時，我知道我不是幻相。我是其見證者，這僅僅是我的展現，但我不是這齣戲。

這一切修行的最終意義就是你。不管是什麼，都是你。到目前為止，還沒有人把這些事情寫在書裡，之後或許會有人寫。將這些寫下來的人，應該具有科學的視野。

那個出現在我身上的明覺，被我過度溺愛，而這個明覺最終有什麼結果呢？這個明覺被打上了標籤：「你生了重病，來日不多了。」所以，我清楚這個出現在我身上的明覺的本質。你得自己去發現。我曾與明覺共舞，我曾稱它為上帝，而現在這個明覺被認為是有病的，但我知道我是什麼，我是先於這個明覺的。我對我自己的本性抱怨，而我的本性說：一切只是一場遊戲，你跟它沒有關係。「能知」本身就不誠實，我該拿它怎麼辦呢？我正是它的依靠，大家認為我是起因，但我不是起因，我是它的依靠。

問：智者的存在，已到無存在的境界，但還會有表象的顯現，他該如何自處呢？

尼：這就像在夢中做事一樣，在夢中一切都在發生，但你什麼也沒做。從那最高的狀態中，產生的僅僅是「存在」的見證，以及「存在」的種種活動。

你練習了多久才成為女人？

一九八〇年八月八日

問：我們是否應該堅信，有一種狀態超越了「能知」？

尼薩迦達塔：無論何時，究竟實相一直都在，所以你當然要有信心，因為它就在那裡。

問：堅定的信心會把「能知」轉變爲究竟實相嗎？

尼：只有一個狀態存在，而不是兩個。當「我在」存在的時候，在那個「能知」裡你會有很多的體驗，但是「我在」和究竟實相並非兩樣。在究竟實相中，「純淨我在」出現了，然後體驗產生了。

在究竟實相中沒有個體，沒有我是這個或那個的記憶，但會有持續不斷的攪動。那些可被稱為道聽塗說的東西，或從書上看來，引經據典的，我都說不出來。我能說的，都出於我自己的真我。

發生著的一切，從究竟實相的角度來看，如果沒有「明覺—我在」，會是非常深刻、無限、廣闊的。

在「存在」的領域中，出現了分裂；「存在」是有限的、受約束的，因為在這個「存在」中，我們想宣稱所有的行為都是自主完成的。

在究竟實相中，我沒有理由去宣稱我存在，因為它是永恆的。我不必對我的存在發表評論。因為有究竟的超梵狀態，許多化身來了又走了，但究竟實相沒有被所有這些化身的行動所污染。

問：創造世界是爲了什麼目的呢？

尼：熱切的求道者會問這樣的問題，而安住在真理中的人不會有此問題。從一顆微乎其微的種子中，長出了一棵參天大樹；種子會拒絕樹、樹枝、樹葉嗎？會聲稱那不是我、不是我的嗎？自然地，一切就發生著。讓它繼續吧。

問：這個「純淨我在」是獲得究竟實相這一狀態的必要門檻嗎？

尼：究竟實相的狀態是無法獲得的，那就是你的狀態。在究竟實相之上，「能知」的見證作用發生了。

問：一個人必須要練習多長時間？

尼：你練習了多久才成為女人？第一步是要超越這種身心之感，這是容易的，但超越「能知」是非常困難的。「本然存在」是一種非常強大的潛在的明覺，因為它，你才擁有了所有其他的覺知，因此很難擺脫這種明覺。

問：它與「無相」是分離的嗎？

尼：從你的視角來看，是分開的；從我的視角來看，是沒有分別的。室利．黑天說，無論是什麼，都只是我自己。有相、無相，都只是我自己。這種「本然存在」的感覺，只是暫時的階段。要在這一點上去參究，試問這種「本然存在」是怎麼出現的呢？

雨會轉世嗎？

一九八〇年八月二十一日

尼薩迦達塔：我不太樂意讓大家在這裡逗留超過八天或十天，不管他們明白了什麼，都必須消化，否則再深入的談話也不會觸動到他們。

假設有人了達智慧，離開這裡，去了別的地方，他還是不能獨處，他會渴望有人相伴，這樣他就能弘法利生了。他會想要和能一起討論靈修的人在一起，否則他會非常不快樂。如果你沒有遇到其他的靈修者，你能知足常樂嗎？

問：哦，是的。對於一個認眞的求道者來說，跨越想要與他人分享智慧的階段，這是否是必經的過程？

尼：這是其中一步，但這也必須結束。最高的狀態是「無生」的狀態，在這種狀態中沒有頭腦的體驗。探究一下「我在」這個概念。在設法找到你真實身分的過程中，你甚至可能放棄真我，而放棄了真我後，你就是「那」。

（馬哈拉吉望著窗臺上的麻雀）麻雀內在之中的能知之力，和我們身體內在的能知之力是一樣的；這臺「設備」大一些，那臺「設備」小一些。麻雀忙著覓食，肚子還沒吃飽。所有生靈都在受苦，萬物本身在受苦。所有這些關於轉世的種種概念，請問，雨會轉世嗎？火呢？空氣呢？簡而言之，這只是五大元素的轉變。你可以稱之為「轉世」。

在靈性探索的過程中，一切都將發生在能知之力的領域中。你終將失足落入，或登上無欲無求、究竟的超梵狀態之中。

我已經明白並超越了「存在」。假設我還要再活一百年，還是醒位、睡位、「純淨我在」[96]，這些有什麼用呢？我厭倦了。

我沒有給自己特定的身分。無論我的身分是什麼，都是五大元素的遊戲，是遍在的。既然我的狀態沒什麼可說的，所以我不會讓人久留。我只是拋出少許的真知，然後就讓他們走。對於深奧的真知，在這種層次上的，他們是無法理解的，這樣他們又能得到什麼好處呢？

打著靈性真知的名義

一九八〇年八月二十三日

尼薩迦達塔：有些人我會要求留下來，但我無法解釋原因，還有一些人，雖然他們想留下來，但我會說：「你走吧。」求道者形形色色：有些是衝著真知而來的，他們對「送信之人」[97]不感興趣，也許最不感興趣的就是這個了。有些人想要真知，但對他們來說，首要的是虔敬上師，對上師的虔敬是第一位的，之後他們才會開始索求真知。有一些偉大的聖人，在他們求道的階段，曾經只因為名字的緣故而虔敬或崇拜一位神，但是他們對上師十分虔誠，也因此達到了這麼高的境界。

現在，對這位女士來說，對上師的虔誠是最重要的，而且她也順帶得到了真知，不過她是從虔敬上師入手的，對這樣的人，甚至連神也要恭敬禮拜。

無論你有什麼體驗，純然接受，不要努力改變，無論發生什麼，都只要接受就好。

現在這一切全都是幻覺，沒人負責創造萬物，一切是自動產生的，不存在要去改善的問題，它會以它自己的方式運轉。

我得出的結論是，世界不靠種子就自發產生，那個「創世」是無籽的，但世上充滿了種子，每天都在繁衍後代。

問：擁有了智慧之後，您是如何應對這麼多不同的人的？

尼：誰在應對？我沒有姿態或立場，也沒有我自己的固定形態。如果我有一個固定的形態，就很難接納別人或與人打成一片，但我是最精妙的空，所以可以順應一切情況。

一個有錢人如果戴著很多昂貴的飾品上街，他會害怕自己有危險。但一個赤身裸體的托缽僧就沒有好怕的，因為他沒什麼可以失去的。

所以說，已經失去了一切，再也沒有什麼可失去的了，我可以面對、適應任何情況。只要你還頂著個名字、擁有一個形態，所有問題都會存在。在這種靈性追求中，你會逐漸失去你的形態，而隨著形態的脫落，名字也消失了。

有很多「顧客」打著靈性真知的名義，獲取或掌控了一些東西，但沒有人來買貨真價實的「真我智慧」。

從前有個人，一直很認真做事，積聚財富，多年之後，他躺在村子裡自家的床上，奄奄一息。他從床上看向牛棚，也沒有思考什麼崇高的道理，他看到一頭小牛正在咬一把掃帚，他擔心弄壞掃帚。所以，即使在臨終時刻，他也在大喊：「掃帚！掃帚！」

問：什麼是衡量求道者進步的標準？

尼：如果有一個人非常虛弱，路都走不了。當他慢慢恢復了體力，能開始走路了，他就知道自己有力量了，不是嗎？

你進步的標誌是你不願與一般人往來；欲望和期望越來越低。出於對認知真我[98]的強烈渴望，當這扇門，或者說洩洪閘打開之後，你開始拒絕一切：從粗重肉身，到神的境界、即你自己的「能知」，所有的一切，你都拒絕。

在世俗生活中，借助金錢的力量，你可以買到任何東西；因為獻出金錢，你得到一切。同理，你獻出了真我[99]，於是得到了梵[100]；當你獻出梵時，你得到了超梵[101]。你必須有一種深切而強烈的渴望，要了悟真我。

那個不死的，卻堅信自己將會死去

一九八〇年八月二十四日

問：如果說能知之力是遍及一切的，包含了各式各樣的力量，然而，個體的能知之力卻是與身體相連的，那麼對這個「遍在能知」來說，是有一個身體嗎？一個遍在之體，或者是由各種身體集合而成了這一遍在能知？

尼薩迦達塔：「遍在能知」是沒有身體的。一旦身體出現，「遍在能知」就顯現了出來。五大元素是維繫「遍在能知」的養料。

問：「遍在能知」和身體中的「能知」，兩者有什麼關聯嗎？

尼：是緊密相關的。從個體的「能知」到昭昭靈靈的「能知」，是連續的統一體。例如，你有命氣：在身體之外被稱為「遍在之氣」，當你呼吸時，它就是你的命氣。

問：「眞我」[102]和「個我」有什麼區別？

尼：當你從局部的角度去看，你會看到個體，而從整體的角度看，你會看到真我，但兩者並無區別。當個體性在身體中扎根時，就假定了一種短暫、受時間限制的個體；在壽命結束時，個體會融入真我。

問：爲什麼整體的眞我會將自己局限於身體中，成爲一個局部？

尼：沒什麼原因，只是這麼發生了。但是，在真我之中，對存在是沒有覺知的，有的只是對於「覺」本身的覺知[103]。一旦產生了對存在的覺知，就有了二元性，外境就出現了。

問：早些時候有人說，只有人類才能證悟。我覺得每個有生命的細胞都是上帝的展現，因此這麼說是錯誤的。

尼：能知之力是一樣的，但是頭腦只能根據它所知道的來運作。低級生物所知道的，僅僅是基本的生理需求。只有人類，從小時候就開始思考、也被灌輸了各種觀念，這是更高層次的，而不僅僅是身體方面的。人類能夠飛上月球，其他物種做不到這一點，低等物種的頭腦是有局限的。

有八十四拉克[104]不同的物種，一旦這些生物受孕，就產生了因種之身[105]，受孕之時，身形的特質及其運作方式就已經被銘刻在因種身上了。不需要人教，鳥就會飛，魚就會游，蟲就會爬，這一切在受孕時就已經具備了。那個不死的，卻堅信自己將會死去。這種對死亡的恐懼，是如何偷偷潛入的呢？它依託的是，「一個個體出生了」，這種僅僅是語言上的概念，這就是束縛。

一個人所要做的就是找出自己的起源，並在那裡扎下大本營。

他沒有忘記人類

一九八〇年八月二十九日

問：瞭解人不是「本然存在」[106]之後，「本然存在」會自我保護，還是想要存在下去。這是個體[107]內建機制的嗎？

尼薩迦達塔：是的，這就是它的特性。

問：這些「本然存在」的個體，充其量不過就是一個影像，是這樣的嗎？就像電視螢幕上的一個影像而已，對嗎？

尼：是的，你可以認為它只是影像。不過，它這個設備可厲害了，因為它內部有一個法則，涵蓋了整個宇宙，所以不要只是把它當作影像而輕忽了。

沒有身體，真我無法體驗到它的「知」。身體是一個必要的設備。酸澀的食物和脈動(命氣)，沒有這些，身體不會成長，「本然」也不復存在。

這個身體是一個裝著食物營養的皮囊，但「明覺—我在」不是個體，它無所不在。

問：能知之力讓所有這些「本然」的個體來自娛，是這樣的嗎？

尼：是的。因為有這副皮囊，有這肉身，所以「本然」進入了個體。我個看法是，一切都是活活潑潑、昭昭靈靈的「如是本然」，不存在個體。

一旦你理解了這一點，就沒有個體享樂的問題了。你不再是一個個體，個體被消解了。能做到這一點的人，很罕見。

理解了五大元素及其遊戲的人，不會為這五種元素的本質，即「本然」操心，這種狀態也被超越了。這樣的人散發著人性的芬芳：他沒有忘記人類，但他知道他與人類無關。

理解了這一點並超越它之後，言語就沒有用武之地了。

「本然」覺得自己不應該死亡，但是如果所謂的死亡已經發生，它也沒有什麼損失。

我的觀點是，以人類身體存在的「本然」，無論發生過什麼，都過去了；正因為消融了，「本然」就變得昭昭靈靈了[108]。

從來就沒有一個個體

一九八〇年八月三十日

問：「能知」會永遠存在嗎？

尼薩迦達塔：不會，只有當身體存在時，「能知」才會存在。

問：即使人理解了，身體還是會不斷形成與死亡嗎？

尼：是的。五大元素、三德、普拉克瑞蒂和普魯薩，全都是展示「我在」的手段。

在最初的狀態中，沒有「能知」的感覺，沒有本然的覺知，但是「純淨我在」一出現，整個顯現就立刻被看到了，這就是「能知」的表達。在究竟實相中，「純淨我在」是一個整體，但表達可以有很多種。「我」以各種方式顯現著「我自己」。人類是一種形態，而每一種形態都會根據自己的特性、根據三德的組合比例，而有與之相應的行為。個體又是怎麼出現的呢？

解開這個謎的唯一方法，就是了悟到你的真實身分就是「遍在能知」，它無處不在。只要你認同身體，這個謎就不可能解開。

你為什麼來這裡，浪費一個多小時的時間？如果你把兩個小時花在體力或腦力勞動上，你都能拿出一點成果了。

問：花時間在這裡，才是有用的；花在別的地方都是徒勞的。

尼：怎麼會有用呢？你認為這兩個小時有用，我要摧毀的恰恰就是這一想法。我就是要摧毀這個認同。

用於摧毀個體的教導，卻正是個體所想要的，這不是很可笑嗎？答案是：從來就沒有一個個體。你會認識到，個體從來就不存在。

問：什麼是證悟呢？

尼：在「我在」這個想法萌發出來之前，你就在，但你不知道你在。在那之後，伴隨著許多事情的發生，你開始裝飾你自己。你想要從後續的語言、事件、言外之意中推導出自我的意義……那不是你，放手吧。你是先於「我在」這個想法的。將你自己駐扎在那裡吧，就在「我在」這個概念出現之前的地方。

談話自然流淌而出

一九八〇年九月十一日

尼薩迦達塔：無論是智者還是無知凡夫，身體上的進食、補充營養、維持等等，都靠了他頭腦中的語言傳達的意思來進行。他的思想也跟著從幼年起就開始接受的各種影響。這些活動都是從命氣、語言，以及「我在」這種「知」中產生的。

如果你想召喚你的「本尊」[109]，你必須崇拜命氣；靠了命氣，你才能親近你的本尊。神的形象都是靠命氣確定的。命氣表達出來，就是語言。當命氣的所有方面都得到淨化時，就沒有欲望的立足之地了，也就沒有身體或精神上的痛苦。聽從上師的命令，牢牢安住於「純淨我在」，阿特曼之愛[110]，即「我愛」[111]。我們所有的活動，無論是身體上的還是精神上的，都是以情感為基礎。這些我都概括接受，但我知道它們加在一起，還是零。

我早期的談話，大家多少都可以理解，但是我現在的談話很難理解。要想具備理解的資質，就待在你出生的源頭吧。

談話自然流淌而出，我不遣詞造句。連我自己都甚為驚訝，為什麼會冒出這麼深奧的說法，而聽我談話的人也不知所措，因為他們無法就此提出問題。一切都是自發的，見證者的這個階段也是自發出現的。我所有的活動都是自發做出的，沒有思考的餘地。

因為我瞭解我的真正狀態是先於出生的，我也瞭解那個出生點，以及出生以來我之所是，即「我的本然存在」，這我也瞭解，所以我才這麼說話。體驗者和體驗，都將消融。翻譯們一來，我就坐下來，開始說話，我精力充沛，電池充滿了電。其他時間，我無精打采，只好撐著這根拐杖。我完全不願意聚眾收徒，不管他們是什麼層次的求道者。

問：我們可以用我們的頭腦來理解，但超越了頭腦的，我們無法理解。

尼：深度睡眠到清醒狀態之間的，是什麼？它是「我在」的無言狀態，之後語言開始流出，你介入到話語的意義之中，你過日子就是靠著這些語言傳達出來的意思，這就是頭腦。但是在這個「我在」和清醒的狀態之前，跨過那條邊界，你一定也在那裡。

只有少數人理解我在說什麼。對於一個普通的靈修者，我們不得不說：「你去做這個或那個，你就會得到這個好處。」於是，他一時高興就放下心來，但這不究竟；他會再次陷入同樣的情況。但我們也幫不上忙，因為他沒有能力去理解靈修中最為精妙的部分。

至多，我會說：「你知道你在，你去崇拜『我在』這一基礎吧。你去崇拜它，只與它合為一體吧，那個『純淨我在』會揭開所有的智慧。」我會說的，就只有這些了。但從深度睡眠到清醒狀態的那個，才是最精妙的部分。要安住在其中，你必須有一個極度寧靜的狀態。在這種狀態下，對清醒狀態的見證就發生了。你必須去到那個邊界點，但這很難做到。對於一個普通人來說，隨著「我在」的到來，語言就開始流出，他就會跟著語言走。對能明辨、有智慧、渴望的靈修訴求之人，我們必須將其帶到先於「純淨我在」的這裡。

如果你尊敬我，請記住我的話。「明覺—我在」是最偉大的神，是上師；請與之合而為一，親密無間。它本身就能加持你，賜予你一切你所需的智慧，在智慧湧現的過程中，將帶你進入到永恆的境界。

你要足夠成熟，才可以進入無相的領域。你不可能一夜之間就把生芒果變成甜美多汁的熟芒果，它必須經過一段時間才能成熟。你清楚了嗎？

當你不知道你在，你就是完美的

一九八〇年九月十五日

問：在禪修中，我努力穩定在念頭之下的那個地方，那裡烏漆墨黑，沒有東西，一片空白，我不喜歡這個狀態。

尼薩迦達塔：你沒看到嗎？你還在那裡。在穩定於真我之前，頭腦的痕跡仍然存在。

這臺機器是自動運行的：當你進入真我時，這一力量會消除頭腦中所有的疑惑。除了你的明覺，什麼都沒有，你將盡情地享用這一明覺，然後，頭腦將被徹底根除，一絲痕跡都不留下。這是「你所是」和「你所不是」的分界線。當你知道你在的那一刻，二元性就存在了；當你不知道你在，你就是完美的，但是你必須經歷這個過程。在深度睡眠中，你不知道你在，但那是一個更為粗重的狀態。在這個清醒活躍的狀態下，你必須退回到「無知」的狀態中。

這個「知」是什麼？它是預約「我在」所需的印章或手續。你在訂購一套沒建好的公寓，但那公寓又在哪裡呢？你只是下訂而已。同理，這個「我在」只是預約，它代表你的究竟狀態。

問：你知道那是一片空白，是什麼給了你勇氣去超越「空」的？

尼：想要瞭解真我的強烈渴望。「退回」只是意味著深入內在，你通常的習性是通過五種感官向外投射。現在反轉過來：我不是身體，我不是頭腦，我不是感官。現在你穩定在「能知」中。在「能知」中穩定之後，接下來的事情，全會自動發生。你會擴展到外在顯現中。

我過去、現在、未來，一直處於「純淨我在」出現之前的那個原初狀態。這個名相上的疾病[112]很可怕，但為什麼我不受影響？原因很簡單，真正的我與這個僅是名相上的疾病毫不相干。

問：馬哈拉吉對所有不同的宗教有什麼看法？

尼：在我看來，所有的宗教都是以觀念和情感為基礎的。那些情感是如此強烈和攝人心魂，以至於人會去自焚。

在情感上與其他人合一，這非常有效，所以認同耶穌基督的人，在他們自己的身體上會出現被釘十字架的傷痕。所有這些體驗都是毫無用處的，這是一個個體認同另一個個體。除非個體性被拋棄，否則實相永遠不會顯露出來。不要重複你所聽到的，不要鸚鵡學舌，除非你具有我所擁有的信心，證得了實相。

我知道在身體和能知之力出現之前的我的〔真正〕狀態，我認識它，我懂它。

僅僅聽我講話是不行的，你必須和能知之力合為一體。不要輕視「明覺—我在」，不要認為它無足輕重，它是激發產生了你整個宇宙的力量。

能知之力有無窮無盡的顯現；如果你進入這些顯現，你就迷失了。臣服於你的能知之力，與之合而為一吧，你的能知之力就會向你展示它被消融的過程。

你我的真實本性沒有不同

一九八〇年九月二十一日

尼薩迦達塔：人的所作所為都是為了延續「能知」，但對我來說，根本就沒有什麼是我想延續的。

你是作為個人來到這裡的，並期望從我這裡得到點什麼，就是在這點上，誤解產生了。個體是不存在的，那麼我怎麼可能為一個不存在的個體做什麼呢？你的真實本性與我的沒有什麼不同。這就只是一件已經發生並且會結束的事。

如果有人有便意了，他就是要去小解，大家都沒有什麼不一樣，小便這件事是每個人都會經歷的，但是你卻把每件事看成發生在你個體之上的事情。

問：我怎樣才能理解馬哈拉吉在說什麼呢？

尼：要理解我在說什麼，「明辨」是非常必要的。只有在「能知」到來之後，我們才試著去瞭解我們自己。「能知」就是所謂的「出生」；「出生」表示有三個面向：清醒狀態、深度睡眠、「明覺—我在」。一旦我明白了這個「出生」是什麼，那麼整個謎團就解開了。因為我完全瞭解這個「生之基礎」[113]是怎麼回事，所以當所謂的死亡發生時，我會非常清楚地知道，我將會觀察到命氣、語言，以及「我在」的離開；不存在死亡的問題。

如果我現在就知道我的命氣在離開，我不會去阻止，我不會說「停一停，等一下」，因為我很清楚，保持這種命氣和命氣之力是沒用的。

各式各樣的消融，來的來、去的去，但在我真實、永恆的狀態中，我不受影響。在這種經驗性的狀態產生之前，我是完美的，徹頭徹尾。隨著「我在」的到來，不完美就開始了，我受夠了。

如果你真的想要永恆的平靜，那就不要操心別人，操心你自己吧，只要去探究自己。誰會給你帶來永恆的平靜？只有那個太陽，那個「我在」。如果你擁抱了那個自明自耀的太陽，其他的一切都會消失，而你會永遠遍在。

去徹底探究一下。你是靠什麼維繫自己的存在？你能在多大程度上延長自己的壽命？你應該意識到，「本然」不是獨立的，它依賴某些東西[114]。你去探究的話，就會得出結論：你，究竟實相，不依賴那個「本然」。

問：如果「眞我」（阿特曼）是「存在—能知—極喜」[115]，那麼什麼是「究竟眞我」？

尼：「存在—能知—極喜」將會在時機到來時成為究竟真我。「存在—能知—極喜」就是「純淨我在」，它本身是一種喜悅的狀態，一種愛的狀態，但它是一種體驗性的狀態，只要「能知」存在；而只要身體存在，「能知」就會存在，它是一種受時間限制的狀態。你必須超越「存在—能知—極喜」的狀態。

問：我應該安住在「本然」中，還是應該隨心念流動？

尼：如果你安住在「本然」，你的心念就會越來越少。如果你和念頭攪和在一起，念頭就會成倍增長。只安住於「本然」之中吧。

真正的禪修

一九八〇年九月二十四日

尼薩迦達塔：是多少年前你得到我傳授的咒語[116]的？

問：三年前。

尼：你是明覺，明覺就是神。崇拜它，總有一天你會證悟到你不是一個個體。你會證悟到，你就是「遍在能知」，它是不會受苦的；對「能知」來說，沒有苦樂。這不是靠智力，而是要靠密集的禪修，你才會明白。

禪修將由能知之力本身來完成。禪修什麼，就會成為什麼。

我全然安住在無生的狀態中，但同時體驗著這個花花世界，不過對我沒有影響。

問：和馬哈拉吉在一起會有什麼效果？

尼：目前來說，在求道者身上效果更大。如果你純淨，進步會更快，對於不淨和遲鈍的人，就很慢。

我本來不知道我在，現在我知道我在，這是相同的「我」[117]，只是在它之上覆蓋了「知」。就是以這種方式，究竟實相將它自己轉化為這個更加粗重的「能知」狀態，有外在顯現的狀態。我是神，我是信徒，我是崇拜本身[118]，三者是一樣的，一個共同的「道」。

問：我們剛才談到的那個聖人，脾氣非常暴躁，這樣他算是智者嗎？

尼：是的。智者的意思是「智慧的知者」。

問：如果他是智者，脾氣又怎麼會這麼暴躁呢？

尼：在昭然的能知之力中，發生著種種行為，就是發生了所謂的好事壞事，這是能知之力展現的品質。你不能把這種暗的品質[119]放到智者身上，因為他已經超越了個體的能知之力。

問：可以吃非素食的食品嗎？

尼：只要你還覺得自己是個體，你就必須得遵守規範你的行為準則。一旦你成為了昭昭靈靈的能知之力，就沒有「做」或「不做」的問題了。

在昭然遍在的能知之力中，有什麼東西是好的或壞的嗎？沒有這種東西。會有花香，也會有垃圾；這一切都是能知之力的遊戲。能知之力的見證者，是不可能進入能知之力的領域中的。

問：假設見證停止，就是三摩地[120]嗎？

尼：假設你們都離開了，不再有見證，而我仍然在這裡，但我沒有什麼可以見證的。在「本然」中，存在著分別心，於是見證就發生了。如果「能知」不存在，那麼究竟實相無法知道它自己。除了究竟實相之外，什麼都沒有，因此沒有見證。

問：假設我只是看著發生在我身上的一切，什麼也不做，那麼還有禪修的必要嗎？

尼：那就是一種禪修，但是，真正的禪修是定於你的真我。早上醒來時，你就是在那個狀態，你看著「能知」，那便是你禪定於你的真我時該有的狀態。

現在你認為「能知」正在觀察著「能知」，但其實，觀察著「能知」的，是究竟實相這一基底。

高高興興地做你的事

一九八〇年九月二十七日

尼薩迦達塔：所有這些靈性教導，只是為了讓你瞭解你的真實本性。要做到這一點，就是要回答什麼是「活著」。一旦你瞭解了你的真實本性，那就並不是作為一個個體而活，而是單純地的作為那自發顯現的一部分。沒有什麼可尋求的，能找到的只是求道者自己。只需要如是地去看一切景象。

你們都是求道者，告訴我，你們尋求的究竟是什麼。

問：我們能做到嗎[121]，不只是去禪修，而是與世人一起生活？

尼：除非你是顯現的一部分，否則你能活下去嗎？要清楚這一點！當你沒有知覺時，你的世界就不存在了。你覺知到你的存在，也覺知到外面的世界，它們不是兩件事。要明白這一點。只有當這臺「身心機器」存在的時候，世界才能存在。如果你把這臺機器認作是你自己，你就接受了死亡，你會死去。智者知道這只是一臺機器，他是與之分離的。

明白了這一點，你就能高高興興地做你的事。正在進行的事，是自發的[122]，萬事萬物都只是整體顯現的一部分。

問：如果顯現是自發的，所有的行爲都有原因或起因嗎？

尼：在夢裡，你活了一百歲，但當你醒來時發現，那個夢只做了五分鐘。這是怎麼回事？

問：馬哈拉吉是用夢來解釋「無因而生」嗎？

尼：這一切風水水起，只緣於你的存在，所以，請找到它的本質。所有這些行為都是由一個不孕女的孩子[123]所完成的。這些都是「能知」帶來的問題，把「能知」的根源找出來吧。

問：怎麼做？

尼：扼住「能知」的咽喉。要扼住概念性的「能知」，就得扼住概念的咽喉。去好好照顧、取悅這個作為基礎的「能知」吧，只有它才能讓你的追求得成，而不是你的智力。除非那個明覺被取悅了，否則你就不可能有智慧。

我從來一無所知；要是我有一點點智慧，我還會降入我母親的子宮牢獄中嗎？不管發生什麼，都是自發的。在受孕之前就存在的「那個」，誰能知道它呢？

沒有什麼要去得到。你就是「那」。

對身體的緊密認同把你困住了

一九八〇年九月二十八日

問：為什麼「純淨我在」對身體有如此大的吸引力？

尼薩迦達塔：當它以「我在」來表達它自己的時候，它已經被那份「存在的意願」所充滿。為什麼在昆蟲、蠕蟲、動物或人類身上，有這種活命的本能？因為隨著「生命之力」的萌芽，這種「純淨我在」本身就是活下去的本能，是生存的意願。那種「存在的意願」是一切生命活動的主要動力。

你會發現，當你是昭昭靈靈的能知之力時，你自身就是森羅萬象，你在這整個豐富的顯現世界中展現著自己。這一狀態將自然被超越，你將處於無相的狀態中。而只有當你作為「純淨我在」時，這些才都會是你的展現。

我現在所談論的，是更精妙、更深刻的，也很難理解，但是，如果你理解的話，工作就完成了。

「能知」是一種認知的工具。現在這個「能知」把自己認為是身體，這是不對的。「能知」要知道的，是去除了身體感覺的「能知之力」。

把我再三告訴你的話想明白。這個「我在」是我攝入的食物的產物。我是食物嗎？

不，我不是；同理，我也不是所攝入的食物的產物。

所有的人都會證悟這種智慧，但現今，對身體的緊密認同把你困住了。

「我在」本身不具有什麼權力，它是五大元素戲劇中的傀儡，它是五大元素的產物。

展現出「非真我」[124]的那個，它的基礎是可靠、穩定、永恆的。

無論你看到什麼，都不會一直持續下去，它是不完美的。認識到不完美的「那個」則是完美的。「它」是完整的，「它」不必為「它自己」做任何事情，因為它本來就是完美無缺的。

為什麼超梵能承擔得起這個顯化世界的苦樂呢？因為對超梵來說，這些都不存在。

你永遠無法瞭解你的真我

一九八〇年九月三十日

問：唉，馬哈拉吉告訴我們的東西，我什麼時候才能明白啊？

尼薩迦達塔：會逐漸明白的，你必須擺脫所有這些概念，而這需要時間。

有些人在尋找頭腦和智力能接受的真知，但是頭腦和智力領域內的東西，對接受真知毫無幫助。你所有的體驗和淨觀[125]都取決於你的「明覺—我在」，而它本身也將會消融。

對於這種真知來說，是沒有顧客、沒有信徒的，因為顧客和信徒要的是能抓得住的具象的東西，但是當你的「知」本身都要消融時，還可能抓得住什麼嗎？

你的上師告訴你，你有一個真實的身分，它並非這個〔明覺〕。你真實的身分是無形的超梵。超梵無有疑惑，它不受幻相的制約，因為對於超梵來說，幻相不存在。

當你聽到這種說法時，你滿意了，對大多數人來說，既然滿意了，這件事也就結束了；他們不會一次又一次地沉思於此，不會去努力找出一切背後的那個基礎。

我什麼時候會被宣告死亡？當阿特曼[126]離開身體的時候，但我不是那個阿特曼，那又怎麼能說我死了呢？我不受癌症影響，因為無論發生了什麼、經歷到什麼，我都交付給阿特曼。所有的行為以及其後果，都被超梵，即究竟實相交付給了阿特曼。

你永遠無法瞭解你的真我[127]，因為超梵是不能被見證到的。你知道你不是什麼，你無法知道你是什麼。

向真我闡述真我的智慧

一九八〇年十月一日

尼薩迦達塔：真我比虛空更精妙。對真我來說，沒有生與死。

不要盲目地接受我告訴你的，要問我問題。要徹頭徹尾地審視並檢驗我所闡述的真知，然後再去接受。

你住在房子裡，但房子不是你。同理，「明覺—我在」處於身體中，但它不是身體。

問：我沒法完全理解。

尼：用頭腦，你是永遠不會明白的。你既不是頭腦，也不是語言，也不是語言所指的東西。我是在向真我闡述關於真我的智慧，但你卻把它當作是與身體相關的知識。

我完全脫離了身體以及身體內的能知之力。然而，由於生病，通過「能知」感受到了身體上的難忍之痛。這種劇痛本是無法忍受的，但因為我脫離了身體和能知之力，我才可以和你說話。這就像電扇一樣，會吹出微風，也會發出聲音。同樣的道理，有命氣在，就會發出聲音，但發生的這一切是難忍的……不得不去忍受痛苦。

當「明覺—我在」不存在時，你能感知或觀察到什麼嗎？「知」是明覺，「不知」也是明覺，但它沒有形象。只有當你把它當作是身體，你才會認為自己是男人或女人。

在沒有明覺的情況下，就不會產生「我知道」或「我不知道」的問題。我所說過的關於明覺的這些話，你要是能理解，就會完全認同[128]。

我自然而然地意識到，在能知之力的「登記簿」上我已經被註銷了。除非你通過你的身體體會到你自己，否則你是不會快樂的。身體之所以重要，僅僅是因為「純淨我在」或能知之力住於其中。如果「純淨我在」或能知之力不在了，身體就會被當作垃圾處理掉。

要把「明覺─我在」稱作是你的「真我」，而不要把身體認為是真知。

通常，上師不會向你這麼深入地講解真我。他們只會向你介紹各種修持儀軌。「明覺─我在」是最初的神，只要禪定於此。

現在，大家可能會問，為什麼人類要造出這樣一位神來呢。「神」的意思是，如果你向這樣的神祈禱，你想要什麼，神都會給你。這樣的神是偉大的。我們有這樣的想法，如果我們要求「他」什麼，「他」就會賜予什麼。

正是你照亮了一切

一九八〇年十月二日

問：我想放棄這個自我，但我不知道該怎麼做。

尼薩迦達塔：你想要放棄的這個自我，是什麼尺寸和顏色？你對這個自我有什麼瞭解？

問：它是頭腦的一個錯誤信念。

尼：這個「純淨我在」，這麼一小撮東西，我信手拈來，但是所有的經文，十六部聖典，十八部往世書和四部吠陀經，都在高聲疾呼，設法描述這個梵。所有這些讚美都只是為了那小小的一撮「我在」。當你開始用「純淨我在」來打造式樣[129]的那一刻，你就陷入了困境。

這香爐是銀質的，你「知道」它是銀的。這個「知道」是什麼形狀、什麼顏色，是什麼式樣？如果所有的「知道」都是無形的，那麼「明覺—我在」會有什麼形態、式樣或顏色嗎？它會受罪業或善報的影響嗎？

在這永恆的虛空中，「我在」感是不存在的。

問：難道智者不是出於對無知者的慈悲，才闡述眞知的嗎？

尼：你想怎麼說都可以。在那個狀態中，沒有慈悲這回事兒。我已經把你提升到了那個狀態，你應該知道，正是你照亮了一切，而「存在的意願」也是你所照亮的一部分。當我引導你去那裡的時候，你為什麼要問我這種問題？你是靠什麼去「知道」的？

問：靠頭腦。

尼：不是。「知」[130]能認出頭腦，頭腦無法認出「能知」。

你被睡意壓倒，然後你醒來。是誰知道這些？在有頭腦之前，「知」就已經在了。而在「知」之前，還有一個最原初的基礎，它知道著那個「能知」。

總之，本來就沒有明覺，從「能知」之中誕生了明覺，明覺帶來了世界，產生了一切生靈和萬事萬物。

走上靈修之路的人就像放在火上的冷水。當你把它放在火上時，水裡會冒出氣泡，過段時間後，就會開始沸騰。那個沸騰的階段，就有點像修行者進入了靈修的高級班；在沸騰時，他會說很多話、提出很多問題。當火持續燃燒，沸騰會停止並開始慢燉：這是一個人在靈性上獲得智慧的階段。聽了這些談話，你靜得下來嗎？我很懷疑，因為你還是喜歡取悅那個被你寵壞了的頭腦。如果你真的明白我的話，你是否取悅頭腦又有什麼關係呢？

我告訴過你，現在你就像身體裡的那種「暖意」。而超梵像什麼呢？超梵根本體驗不到這種「我在」的溫暖。如果你明白了，這個難題對你來說就解決了。

明白了這一點之後，如果一個人成為了智者，能知之力和身體依舊在，它們也會涉足到情感的領域。哭，就會盡情地哭，也會對任何情況都處之泰然。這樣的一位智者不會壓抑情緒的表達，這些情緒都是從能知之力和身體這臺機器中自發產生的。

通常情況下，大家認為一個智者應該不要讓情緒爆衝。這是不對的。立足於究竟實相，你是不會關心機器的情感和本能宣洩的。

一個智者不會刻意去參與，只是順其自然；無知的人會深陷其中，認為一切都是真實的。對智者來說，「暖意」[131]也是不真實的，所以無論在「暖意」的領域內發生了什麼，都是不真實的。

所有的虔誠、愉悅和愛，對智者來說，都已消融，但他所做的一切，都是為了他人。

為什麼不現在就跟身體一刀兩斷？

一九八〇年十月四日

問：我的狀態和馬哈拉吉所處的狀態有什麼不同？

尼薩迦達塔：對智者來說沒有區別。這種差別發生在無知者身上，因為他仍然認同身體。放棄認同身體吧，看看會發生什麼。

問：怎麼做呢？

尼：我只能告訴你：「就是這樣。」如何接受它超出了我的能力範圍，對此我沒有良方。我告訴了你，但你自己必須明白。

問：是一勞永逸的嗎？如果我們只是從字面上理解您說的話，這就夠了嗎？

尼：是的。這就是你要掌握的那個，但是你要用什麼工具來掌握它呢？不是用身體、頭腦和聰明才智。

問：用意願嗎？

尼：你做的任何努力都會製造更多麻煩。因此，正是由於這一明覺，你才存在，才能接受這一真知，放棄虛假的認同。只要把你從我這裡聽到的當做真理記在心裡，然後順勢而為即可。

我的上師告訴我，我是超越了時間與空間的，我是沒有屬性的。然後我想，既然如此，我為什麼還要有所恐懼呢？是誰會有恐懼？假設你遇到了一隻老虎，老虎無論如何都要吃你，那麼若有一線機會你能把老虎打跑，為什麼就不試一下呢？為什麼不試一試，放下身體認同呢？無論你有什麼不幸，無論你有什麼恐懼，完全都是基於身體認同。努力使自己逐漸脫離對身體的認同吧。

這事很簡單。死亡是不可避免的，那麼，你為什麼不接受上師告訴你的，「死亡無法影響你的本來面目」？這種身體認同是有時間限制的，為什麼不現在就跟身體一刀兩斷呢？

你們中有多少人會記住和理解我告訴你們的？無論你有怎樣的恐懼，都只是建立在記憶、觀念和道聽塗說的基礎上。只要你還緊抓著任何概念或記憶，這種恐懼就不會離開你。不要保護這種恐懼，放棄它，讓它去吧。你能辦得到嗎？

你們一直在收集、積累從我這裡聽到的東西，但最終，你們所積累的必須要放棄。要去理解、使用，然後放棄。

問：馬哈拉吉說，一切都是自然發生的，但我們習慣於認為，每件事都必須由某個人來啟動、由某個人來控制。沒有了這種控制權，很難想像有什麼事情能完成。

尼：在二元性的狀態下，這個想法一定會存在，否則不可能有任何概念或功用了，這是顯現的基礎。當明覺最終融入明覺中時，求道者就消失了，沒有會提問題的人了。

現在正在說的，和正在被聽到的，都是受時間限制的，亦即從某個特定的時間直到今天為止。但是，我們的本來面目，和受時間限制的那個，是完全分離的。

我可以了知並丈量這段時間的長短，所以，我顯然是與這段時間分離的。

越來越多的我被創造出來

一九八〇年十月八日（上午）

尼薩迦達塔：所有的明覺都可以通過身體獲得，但這個明覺，也就是「你在」，是「食物—身體」[132]的產物，而並不是你。

這種「本然」本身就是愛。它是最天然本具的，因為我愛自己，所以我愛其他所有眾生。我對他人的愛的源泉，來自於這個「存在的意願」。

「無相」[133]通過那個覺醒的、動態的、顯現之「靈」[134]而顯現；那也就是「存在的意願」。妻子深愛的不是她丈夫，她深愛的是那「存在之愛」。

你有一個最強烈的欲望，就是要帶著身體活著，但這個身體你最後只能丟掉。就像你吃了美味佳餚，第二天就必須排出大便，你也不得不用同樣的方式來丟掉這副身體。我的實際狀態是圓滿的、昭昭靈靈的能知之力，而身體的展現，其本質不過就是命氣、命氣之語（語言）以及對真我的愛，這三者的總和罷了。

沒有什麼比「我愛」[135]更像究竟真我的了。在那種狂喜中，誰還會去關注身體？身體變得無關緊要。大家給了它多少名稱啊！但它到底是什麼？它只是對真我的愛。

一直以來，直到永遠，你的「知」總是四處遊蕩，但是你卻將它局限於你自己的身體，所以，你是在扼殺它。究竟真我不是幻相，它是你的真實本性。

問：該怎麼履行日常的職責？

尼：你應該履行你的職責，職責不是個人的，是屬於昭昭靈靈的能知之力，是所有人的。試著把你自己擴展到無限，如昭昭靈靈的能知之力一樣。除了你，再沒有其他的神。總有一天，這副身體會死掉；大家認為死亡意味著完全的無顯，但事實並非如此，不是那樣的。當某物[136]被消耗殆盡，它[137]會變得更多，它變得昭昭靈靈。

室利·黑天說：「每一個時代都有我的化現。」但我會說，每一刻我都在擴張，越來越多的我被創造出來，我無時無刻都在擴散滋長。

我從不向別人要求任何東西。無論我想要得到什麼，我都只從我自己的「本然」中索取。我所崇拜的正是「我在」這一基礎，我想要什麼，都是從那之中索要；正因為如此，現在有了所有這些東西。

皇帝去就寢安歇了，這並不意味著他死了。你不能了悟到這一真知，因為你緊緊抓住了身體。只有一位證悟真我的上師才能指導你。

沒有了身體的感覺，我是完美、完整、圓滿的。你是沒法理解我的話的。

沒有人死亡

一九八〇年十月八日（晚上）

尼薩迦達塔：什麼是醒位、睡位和「純淨我在」的起因？

問：「化學要素」[138]。

尼：當你說出「化學要素」那個詞，你認為你自己就是那個嗎？

問：我對那種「化學要素」研究得很透徹，但我不是那個。一切都包含在它裡面，但那不是我。

尼：就像這簇火焰是氣體燃燒時的特徵[139]，同理，由於這種「化學要素」，才有了醒位、沉睡位和「知」的體驗；這三個特徵並不屬於你。

這個「化學要素」有不同的稱呼，原初幻相、「經文賜予者」[140]等等。全都是幻相。並不存在神、個體靈魂，什麼都不存在。

最初的幻相，通過對真我的愛、對「本然」的愛來表達自己。從深度睡眠中，你會醒來，同樣地，那個視上師的話為究竟，並遵照上師的話去做的弟子，也是這樣的。最終，他會獲得真我明覺，就像你從沉睡中醒來，你得到了「我愛」這一明覺；對真我的愛，會不知不覺地融入超梵。當你禪修時，對真我的愛與你，應是一體的，不應有任何二元性。

那些在智力上擁有了這一真知的智者，他們的主要問題是對親朋好友和財產的依戀。沒有人死亡。死亡意味著結束。舉例來說，一滴水蒸發後，就變成了無限的。任何事物都沒有死亡，一切都會結束，然後變為無限。

普魯薩[141]是萬物流動、萬法顯現的基礎；它是一切的支柱。如果你要瞭解什麼，你就必須成為什麼；為了瞭解上帝，你必須成為上帝。為了瞭解普魯薩，你必須成為普魯薩。

問：馬哈拉吉之前談到過執著，對上師的執著又是如何呢？我發現所有其他的執著都消失了，但對上師的執著仍然存在。

尼：你說「對上師的執著」，是什麼意思？你和上師是一體的，不是兩個人。

問：我還得照顧家庭，很多事情要忙，我該如何遵循馬哈拉吉的教言呢？

尼：你的能知之力獨自照顧著一切；把你的能知之力視作上帝。醒來後要做的第一件事就是冥想那個能知之力，那個「純淨我在」；在你開始進行日常活動之前，先花點時間敬拜那個能知之力；晚上入睡前，再一次安住在那個能知之力，即「純淨我在」裡。全身心地投入其中，懷著這樣的心情入睡。

禪修時安住在真我上的那個「能知」，那個真我[142]將向你展露出來。

人崇拜那麼多的神祇，但這些神只是頭腦中出現的概念。

人說想拯救自己——拯救什麼？你努力拯救的，是什麼？

在這裡，你所有的知識都消融了，所以當你離開的時候，不會為自己是智者而自豪。

一切與你的努力無關

一九八〇年十月十四日

問：在馬哈拉吉面前，我覺得不再有什麼疑問了。

尼薩迦達塔：你覺得疑惑已經消除了，但那一天還遠著呢，等著瞧吧。

問：斯瓦米吉[143]能給我們點建議嗎？好讓我們可以享受到永恆的喜悅。

尼：我有個很簡單的方法，那就是認定「我不是身體」。如果世界是真實的，那麼才可能有一些對治之法，但世界不是真實的，你做什麼都沒用。不管怎麼努力，隨處可見的還都是一片混亂。你無法讓它停止，它是不斷波動變化的，而這一切都是虛幻的。

聽完我的談話後，你是獲得並貯存了知識，還是你之前擁有的所有知識都被消融了？

問：正在被消融。我能帶馬哈拉吉去我家嗎？

尼：我就像孟買這座城市，你能把孟買帶回家嗎？對這個世界的體驗是自動發生在你身上的，而不是你努力的結果。即使是對上師的理解，也一定是自發產生的。沒有什麼會停息，一切運作都在繼續著，與你的努力無關，如此多的身體正在被創造出來、正在死亡。讓世界得以運轉的一切活動，都正在發生之中。在虛空之中，數百萬具身體正在被創造。從雜草中，作物長大，結出了種子，在那些種子中潛藏著「我在」[144]。「你好，我是……你好，我是……」就像電話裡的留言一樣，這個消息已經在那一粒食物種子中了。只有你自己努力創造出來的東西，才能被你摧毀，但這個世界並不出自你的努力。

你要放下的正是「做」

一九八〇年十月十五日

問：在我的生活中，有很多時候我都不喜歡自己的現況，想要有所改變。

尼薩迦達塔：你可以與狀況抗爭，但你不是狀況。

問：當我們開始觀察頭腦時，你知道自己與頭腦是分離的，你不想捲入頭腦的鬥爭中，所以自然地，矛盾衝突就減少了。

尼：在這個過程中，你，作為一個個體，會一點也不剩。要明白，「我在」是薩埵屬性[145]的產物，是食物精華的產物。

真正的衝突，是靜默的見證者與世界之間的鬥爭。當話語開始從能知之力中發出時，這個鬥爭就開始了。話語從你那裡發出，而你信奉這些話；你捍衛它們，捍衛話語所指的意義，而它們其實出自於你。

你擁有的概念和文字堆積如山。為了擺脫這些，你又借助於其他的概念。當你拋開所有的概念，包括你的最初概念，那時，無論是什麼，就是了。保持安靜，不要動搖。

問：對話是必要的嗎？還是只要馬哈拉吉在場就可以了？

尼：毫無疑問，與智者相伴會導向證悟，但是，之後必須要提出問題、得到解答。頭腦中總是會產生一些疑問，所以在頭腦的痕跡被徹底根除之前，你必須用語言把它們清除掉。

問：這些天來，當念頭產生時，我只是加以拒絕，我覺得現在能阻斷它們了。

尼：如果你能做到這一點，這也可以；但如果念頭還在流動，就讓它們流動。

問：不要捲入念頭中，這樣就夠了嗎？

尼：是的，只要這樣就可以了，該發生的總會發生；你要放下的，正是「做」。

問：那麼，不需要再努力改變自己，不需要再努力做得更好了嗎？

尼：當你放掉這些念頭，你就不再是人了。

問：這讓我有點害怕。什麼都有可能發生，我可能會亂性。

尼：這階段很常見，大家都會經歷到。恐懼是頭腦的一種特徵，頭腦不想失去控制。持誦名號咒[146]，繫心於咒語上，因為在這個階段，頭腦逐漸失去依靠，所以你就讓它依靠在咒語之上。

問：在我自己身上有我不喜歡的一些東西，它們也是從一個念頭衍生出來的，所以我也可以由它們去？

尼：是的。不要說什麼「我自己」，那也是一個念頭。

問：最後，事情就這麼簡單：只是擺脫念頭，確實是這樣的。

尼：這可是個不小的成就。你可能覺得你沒念頭了，但在某個階段，念頭會突然向你撲來。許多所謂的聖人，雖然達到了那種無念的狀態，但他們仍然墮落了。

命運徹底耗盡之人

一九八〇年十月十七日

尼薩迦達塔：只是如你本然，不要去想像或描繪什麼形象。在你的一生中，你的身體和你的形象一直在變化，這些形象沒有一個能保持不變的。

二十五年後，你的身體將拋棄現在的這個形象，而呈現出一個老人的樣子；再往後，該形象也將消失。如果這些形象是真實的，它們就該一直保持不變；可它們是虛幻的。「我在」這一基礎無形、無色，不是造作而出的。通過那些造作出來的形象，我們享樂或痛苦，但沒有什麼是真實的；你得到的一切體驗都是虛假的。不管你是在哭還是在笑，這只是那一刻的畫面，下一刻它就會改變。有些人動不動就落淚、哭泣、哀嘆，也只是一時的情緒而已。

只要身體還存在，這一切「過眼雲煙」就會存在，並不斷地變化著，你因為能知之力看到了世界，最後，這能知之力，也會褪去。這個身體和能知之力的壽命屈指可數。

問：如果我死時還沒有完全證悟，我會轉世再來嗎？

尼：如果你帶著這樣的觀點離開，這個概念就會再生，只是你不知道下一次它會以什麼樣的形體展現。

只有那種命運已經徹底耗盡之人，會來拜訪我。他的命運將會蕩然無存。
你這位女士來自遙遠的國度，為什麼你會來到這裡？因為你的命運正在消失殆盡。

你無法憶起，因為你從未忘記

一九八〇年十一月七日

問：能知之力是有時間限制的，所以不管我是什麼，也是有時限的嗎？還是說，完全就不存在永恆的東西？

尼薩迦達塔：只要身體存在，你就是這種能知之力，但是一旦身體和能知之力消失，你就是最初的狀態，也正是在它之上才產生了所有這一切暫時的狀態。你最初的狀態是不變的、永久的。

難就難在，你們都在尋找「那個」，忘了「那個」其實就是你的本來面目。你這個主體，卻在尋求一個作為客體的你。你在尋找的，就是你自己。

有了立場的那一刻，就有了恐懼。任何一個採取了求道者的立場的人，都一定會遵循身為求道者該做的傳統修持，從而被困在那些局限中。

我說的這一切，目的是為了什麼？是在直接抨擊身心認同。只要這種認同還存在著，我就會繼續直言不諱地抨擊。

一旦不再認同身心，梵就會雙手合十地拜在你腳下。

問：這種「取消認同」是突然之間的，還是逐漸發生的？

尼：那要看你怎麼看了。如果你在等待它的發生，它就將是循序漸進的；而跨出最後一步，那是突然之間的。當它真的發生時，你會明白：無相和有相的本質，它們其實是一體的，沒有區別。

只有在拋棄一切概念之時，真正的智慧才會到來，而且只能發自內在。

超梵無始無終，它是永恆的，然而，這種「能知」受制於時間，有始有終。

就像你早上醒來，開始覺察到自己存在，反之亦然：因為我在，我醒了，如果我不在，我怎麼會醒呢？

超梵開始覺察到「它」[147]存在，而「能知」就是超梵覺察到「它」存在的〔工具〕。超梵是你的永恆狀態，你無法憶起，因為你從未忘記。你日日夜夜未曾離開過「它」，你知道的。「能知」存在，毫無疑問，「我」就存在；「它」就在。

種子中蘊含著命力[148]，只是處於休眠狀態。要理解命力，不要將它侷限於某種形態。

這個「本然存在」不是什麼能把抓的東西，它是整個顯現，就像虛空一樣，遍布各處。

所有這些深奧的談話，無非只是精神上的娛樂。當你深入靈修之後，你會明白，「我在」才是大千世界中的神與靈魂，但那個「我在」依舊只是娛樂。我所有的談話都只是概念上的娛樂而已。

最早的記憶

一九八〇年十一月十日

尼薩迦達塔：我的記憶能回溯到什麼時候呢？那時我還是個小孩子，我記得騎在一位老人的肩膀上，他帶我上了一座山看日出，這是我最早的記憶。

你有想過嗎？你從幾歲開始認識自己的身體？假設你從四歲開始意識到自己，任何發生在四歲之前的行為，你都是無意識的，而且也沒有印象。你從別人那裡聽說發生過的事，但你並不知情。像我身上有一道疤，據說是被人咬了，但我完全不記得了。在孩子意識到自己之前，發生過很多事情。

在一開始的幾年裡，最初的概念「我在」已經存在，但處於休眠狀態。後來，它開始瞭解它自己。

智者的狀態，就像孩子還不知道自己時的狀態。「知」用這臺機器[149]來表達自己，這臺機器現在和以前相比，已經變得很不一樣了，但基礎還是一樣的。

智者的行為作風，各不相同。拉瑪那尊者只穿兜襠布，只洗一洗，不熨平。如果換了我的話，我會希望看不到褶皺，非常平整。

還有一位偉大的聖人，他對自己的身體渾然不覺，常常光著身子四處走動。上主黑天和我一樣，也很時髦，穿著也很講究……大家迷失在智者的外在表現中，努力去模仿這些，而不是直取其宗旨。

現在我完全明白了那最初的那一刻，我知道什麼是「出生」，一切我都知道了，然而，我可以隨意進入那個「出生」嗎？我有什麼行動者或做為者的許可權，去進入或不進入，或者去決定什麼嗎？當我說我知道了「我的出生」，我就真的知道當時發生了什麼嗎？這些都是頭腦上的知道，而且從那時起所有的知道，都是概念。

做那個你沒法做的事

一九八〇年十一月十一日

尼薩迦達塔：聖者或聖人比比皆是，但他們仍然渴望存在，想存續下去。

這種清醒狀態、深度睡眠、又清醒，又深度睡眠……我還要繼續多久？只要這個迴圈還在繼續，「知」就會遍布在這些狀態中。你遇到過有誰厭倦了這種清醒狀態和深度睡眠狀態的嗎？在清醒的狀態下，你會進行大量的活動，當你累了，你就沉入了睡眠之中。這樣不停地循環往復，身處其中，有什麼好處呢？

問：據說「上帝的天工巧技，鮮有人能欣賞」，上帝的天工巧技是指什麼？

尼：上帝在哪裡？如果你問的是某種技能，問問你父母的巧技吧。是你創造了上帝，因為你想向某個人乞討。這就是你所謂的靈修。

問：我不相信那種上帝。我相信上帝就像馬哈拉吉所說的那樣，是一種「純淨我在」的感覺。

尼：如果你真的理解並消化了我所說的話，你就不會踏足來到這個地方。

問：如果我已經明白您說的話，那就沒有必要來了，可以這麼說，但請教您，事實上是這樣的？……

尼：你所說的事實是什麼意思？

問：就是要理解這個，我應該怎麼做？

尼：做那個你沒法做的事。

這個幻相世界，全以概念所構成。我不能指責這個世界給了我痛苦，痛苦的全部原因就是「我在」這種「知」。當「知」不存在時，會有痛苦或快樂嗎？

如果你想與神相遇，那就深入到你的真我去吧，那是唯一儲藏一切的寶庫。

問：夢境是如何產生的呢？

尼：在深度睡眠中，產生了一種清醒的狀態，在這種狀態中，「純淨我在」感覺自己醒了，於是創造了一場夢境世界。

你很清楚你是如何陷入這場混亂的。你去探詢這個吧，然後保持安靜。

聽了我這番粗言惡語以後，你明天可能不會來了，這沒關係。我一遍又一遍跟你說，就算你東奔西走，跑遍世界各地，也沒有人會給你真知。退回到你自己的真我中吧，臣服於你的「本然」，僅是如此，就會帶給你所需的智慧，別人做不到這點。

你不去探究這個，卻去盲目地遵循靈修的儀軌。隨便哪裡你都可以去，但實話實說，忠於你的「本然」就好。

你有提問的習慣

一九八〇年十一月二十三日

問：是先於「能知」的「那個」在見證嗎？還是說，是「能知」本身見證著它自己？

尼薩迦達塔：船到橋頭自然直。先別去想「能知」之前的基底，你是「能知」就對了。

問：神只是概念嗎？

尼：神只意味著能知之力。趁著能知之力不在，能拿多少就趕緊拿吧[150]。

問：我們無法理解智者的境界。如果智者已經與究竟實相合而爲一，哪裡又有供能知之力顯現的餘地呢？我們不明白一個智者怎麼可能既是超梵，又能存在當下。

英文翻譯〔插話〕：有必要的話，智者可以超越能知之力，成爲究竟實相；也可以因爲那副身體堪用，進入能知之力，藉由身體與能知之力中的眾生進行交流。

經文裡有這樣的比方：一個是海洋，一個是隻罐子，裡面盛著水。現在罐子浸入到海洋裡，罐子仍然在，但是罐子裡的水和海水融爲一體，所以說，水沒有感覺到差別，但是罐子裡的水還是能夠見證罐子。它與究竟實相合而爲一，同時又能使用身體。藉由這個比喻，我能夠想像智者的境界。

尼：瞭解「本然存在」，然後一切都會迎刃而解。這些全是你處於粗重狀態時對究竟實相的揣測。現在，它就像一塊指向超梵的指示牌。「超梵」這個詞不是超梵本身。

你有提問題的習慣。有人對你說了幾句話，丟給你一些概念，你就說你明白了。我談話的唯一主題是你。你知道你在，你怎麼知道你在，你又為什麼知道你在？我的談話只是針對這個。

你並不擁有這個能知之力的主宰權，它自己來，自己離開。你完全拿它沒轍。

問：那麼，努力去控制，完全是毫無意義的？

尼：是的。你完全沒有權力去控制。

問：這是釜底抽薪啊。

尼：靈修中你經歷到的所有體驗，都是基於「我是身體」的想法。這一「明覺─我在」只會持續短暫的一段時間。

問：那些說自己是某某轉世的人呢？只是些想法嗎？

尼：當你安住在你的本位，你就會對此一目了然。而在那之前，你愛信就信吧。除非你瞭解你的真實狀態，否則所有這些道聽塗說的東西，你都會信，因為你不知道真相。

你不用去到先前的狀態。現在，好好參一下你的本然，這個原初的概念。一旦深入探究，在有概念之前的那個本來面目，就敞開了。一般智者不會向求道者解釋得如此詳細。

你已經徹底研究過拉瑪那尊者的教言，他的開示中，你有看過這方面的教導嗎？

問：我聽馬哈拉吉講得越多，就越能理解拉瑪那尊者的教導。

尼：你理解了拉瑪那尊者嗎？

問：我應該永遠無法理解，因爲他就是究竟實相，不是被理解的對象。我也不是一個對象。

尼：是的。拉瑪那尊者是究竟實相，你也是「那個」。究竟實相不可能在你的經驗範圍內被把捉到。這你相信嗎？

問：相信。

尼：為什麼我的「存在」會出現？原因是什麼？你必須徹底地瞭解這是怎麼回事。

問：努力找出這些問題的答案有什麼意義？對我來說，知道我在那個我的「存在」，已經出現並且將消失，這不就夠了嗎？我爲什麼要知道所有這些？

尼：你一定得知道！「知」是什麼的產物？是什麼的特質？

問：是食物的特質。

尼：哦，是的，但你什麼時候知道這個的？

問：這並非我的親身體驗。

世界之所以變得骯髒

一九八〇年十一月二十九日

問：我的本來面目，和受時間限制的「能知」，它們之間是什麼關係？

尼薩迦達塔：你正努力用「我」這個概念來找到一種關係，這個「我」是什麼？誤解就是從這裡產生的。

全部的顯現都在這個空間和時間的概念之中，而在其中，你認為你是某個獨立個體。沒有什麼是獨立而別有的，你是整體顯現運作的一部分。

作為究竟實相，我是永恆、無限的，我是覺性，是對「覺知」無有覺察的。作為無限，我展現為空間；作為永恆，我展現為時間。除非有空間和時間，否則我無法意識到自己。當有了空間和時間，就有了「能知」，在這之中產生了一切顯現，各種現象接踵而至。

我，就本身而言，乃是覺性，降入到這個「能知」中後，在這個「能知」中，我以多種多樣的方式、以無以計數的形態展現著「我自己」。這才是關鍵，這是顯現的原理，不存在一絲個體性。

這是什麼？（舉著一袋蘋果）這個水果和一頭山羊，或一個人之間，沒有區別。它們都是食物構成的，三種都是食物。

所有的造物，每一種生物，都是由五大元素組成的，而每一種生物的行為取決於三德的組合比例：薩埵、羅闍、多磨。世界上發生的所有事情，都不存在由誰負責的問題。正是因為一個人認為是由自己負責的，才會因此而受苦。

當下的「能知」、五大元素，以及三德，整個宇宙顯現不過就是這些。

在你最初的狀態中，對「覺知」是沒有覺察的，因此也沒有明覺。明覺只有在身體和「能知」出現時才會出現。這種明覺實際上是無明，任何基於這種明覺的智慧也是無明。

你已經修行很多年了，有什麼心得嗎？

問：我是「能知」——那是我的心得。

尼：這一心得是永久性的嗎？這就是你的真實本性嗎？

問：我把自己當成整體的顯現。

尼：所有這些，難道不是在你獲得了「能知」之後才出現的嗎？回到你還未有「能知」之前的狀態吧。

首先你認同身體，然後認同「能知」，過了一段時間後，你仍然是「能知」，但你會認為你已經成為了智者，這是陷阱。即使「能知」狀態也是受時間限制的。在你還未有「能知」之前的那個狀態，才是最初的狀態。有一種情況是一個人得到了真知，理解了，那麼一天之內，他就成為了「那個」；另一種情況則是一個人耗費了上千年的時間，也達到了那個狀態。這兩者達到的狀態有什麼不同嗎？

原來我喜歡的東西，現在我不再想要了，因為我知道了我的真實本性。我不再需要這種「能知」，去擁有哪怕五分鐘我都不想。

當生命走到盡頭，為了延長哪怕只是五分鐘的時間，你也會願意支付五拉克盧比[151]。我是連一個盧比都不願意給。對這個外顯的世界，我的熱愛已經消失殆盡。

你必須妥善地護持「明覺－我在」。如果我身邊的人沒有把這些器具清理乾淨並擺放好，我就會責備他們。假設這條毛巾沒洗，那我會對負責的人大發雷霆。毛巾上附著的所有污垢，都應該被清洗掉。同理，「純淨我在」是你獲得一切智慧的工具。你要崇拜「純淨我在」，要把所有的雜染、污垢都去掉。

問：如何崇拜「純淨我在」？

尼：那個「知」本身就指出了加在其上的所有污垢。即使是虛空也不如「明覺－我在」那麼純淨。從本質上講，這個世界是非常純淨的，它之所以變得骯髒，是因為你認同了身體。因為你沒有直接地認識到不帶摻雜的「純淨我在」，所以你要靠各種書籍和聖人來指出你的真實身分。

（另一個提問者）問：我害怕失去我的存在。

尼：有什麼好害怕的呢？甚至超梵也不知道它自己。當我們得出結論，你非此、我非此，那麼剩下的據說就是超梵。但什麼是超梵？你無法形容它，所以你沉默，我也沉默。超梵是無可比擬的。

問：持誦名號咒有用嗎？

尼：當然，去持誦吧！等到了時候，就能體現它的價值了。你必須堅持持咒；你能從中得到怎樣的好處，說出來是沒有用的。堅持下去，這些好處你就能實際體會到了。一個持誦名號咒的人，即使看上去像蠢驢或傻瓜一樣，他也會成為一位偉大的聖人，那個力量就蘊含在對咒語的持誦之中。當那個人遇到一位自性上師，那位聖者會告訴他：「你不必做什麼安排，因為你就是那個無處不在的基礎，亦即『純淨我在』。你什麼都不用管，你只要順其自然，一切都會為你安排得妥妥當當。」

可惜你太依賴道聽塗說來的東西，而不認真探究自己。你的智慧被局限在你的身體和二手的知識裡。

因為這個「純淨我在」，世界上所有的活動才得以進行。它是創造了世界的源頭。要先瞭解「純淨我在」，只有這樣你才能超越它。首先，去成為「純淨我在」吧。

你知道你在，這樣就好

一九八〇年十一月三十日

尼薩迦達塔：這個「我在」是大自然的作用，是五大元素的「食物之身」的產物。它知道它自己，它想要永遠存在下去。借助於這個「知」，去瞭解你的真我吧。

許多劫過去了，但沒有人能永遠保住自己的身分認同或記憶，隨著身體的離去，它就消失了。五大元素，加上三德，形成了一個人；伴隨著這些，產生了這個「知」，也就是「我在」的記憶。要維持這種個體性，得靠五大元素來提供供給。只要持續地供給著，身體和「我在」就會存在。一旦供給停止，「我在」感就消失了。

「那個」來這裡見馬哈拉吉的，你知道「那個」嗎？是跟身體有關，還是無關的？

問：有關或無關，我不知道。

尼：回答得非常好。拋開身體，來說說「那個」。

問：我無法形容。

尼：既然你無法描述「那個」，「那個」又有什麼用呢？

問：沒有用。

尼：一旦你明白這一點，你就會知道真相。「那個」正在聆聽，不被你所知，那就是你；

而你自以為是你的那個，卻不是你。

靈修的最高目標是究竟真我；居於身體中的明覺是「我在」，而那個究竟真我是無法描述的。當你堅定地相信這一點時，難道不就意味著你擁有了靈性智慧嗎？

問：誰能獲得靈性智慧？

尼：除了你，還會是誰？你，也只有你。除了你，誰能問「我是誰」？如果提問的這個「我」不在，又是誰來提問呢？這對你來說是靈性智慧的頂峰，你不必再來了。

問：我喜歡和馬哈拉吉在一起。

尼：你可以坐在這裡。現在，不管你會再活一年還是一千年，結果也只是這樣。

問：在我開口提問之前，馬哈拉吉就已經回答了我的問題。

尼：最初你接受別人所說的，但在適當的時候，無論接受了什麼，都要被拋掉。

問：我對「存在」的產生沒有體驗，因為我對「存在」之前的東西一無所知。

尼：這個簡單的見解，其實很深刻。誰會知道這整個過程、知道「知」的出現，以及最終它的消失？明白這個的人，就達到了自性上師的境界，普通人是無法理解的。自性上師不是由人類父母所生的。

為了瞭解這些奧祕，為了解開這些奧祕，你應該臣服於「我在」這一基礎，只有這個

「能知」本身才能引導你達到那個目標。目前，穩定在「能知」中。如果你不這麼做，你的那些概念對你來說會非常危險，它們會把你扼殺至死。純淨明覺，你之所是，是所有能量的源頭，一切神祇和所有智慧的源頭。

聽過這些談話之後，你不必再來了，你只需要安住在那個能知之力，那個你之所是之中，那個基礎充滿活力，正是由於它，這一切才存在。把自己穩定於其中。牢牢安住在那裡，你只是那個。這是最簡單的方法：你知道你在，這樣就好。

別說什麼解脫了，說說你自己吧！

一九八〇年十二月七日

問：我想直接體驗究竟實相。

尼薩迦達塔：究竟實相無法被體驗。它不是客體。當我是獨一的時候，那就是純粹的覺性，它對它的「覺」無有覺察，而且不可能有主體和客體，因此，就不可能有見證任何顯現、運作、見證，只能在二元中發生。必須有一個主體和一個客體，它們是二，但並非兩個東西，它們是一事物的兩端。當能知之力活躍時，二元就出現了。有無數的客體，但是當客體看到另一個客體時，它就會盜用究竟實相的主體地位，雖然它其實是一個客體。我這個客體，感知並分析著其他的客體，而且我假定自己是主體，於是見證就發生了。

問：為什麼能知之力會活躍？原因是什麼？

尼：沒有原因，就自動發生了，沒有什麼理由。能知之力是遍在的，不存在個體性。但是當能知之力在某種特定的身形中攪動，這一身體也是自發產生的，並開始以那個身體來運作，這時那個身體就會假定它是一個個體，無限的「那個」把它自己局限在某一特定的形體中，於是麻煩就開始了。

我們假設某人成為了智者，但一開始是什麼呢？正是那個又酸又苦的基礎，是那個分泌物[152]，因為它，才產生了「能知」。「明覺—我在」這一基礎後來發育、成長，變得甜美，成熟後成為了昭昭靈靈的智者狀態，但那其實是什麼呢？那是五大元素構成食物精華下的產物。當那個消失時，還會剩下什麼？究竟實相是不知道它自己的。

問：對解脫的渴望也是一種欲望，不是嗎？

尼：別說什麼解脫了，說說你自己吧，說說你是什麼。你明白了之後，明覺和無明都會消失。只有無明還在時，你才會需要明覺。

一個有智慧的人，無論向無知之人說什麼，都可以去除對方的無明，他可以為此借助所謂的世俗知識和概念，然後世俗的概念知識和無明會同時消失。智者會向你拋出概念，只為了去除你的無明。這個「我在」是明覺，你抱著它不放。為了去除這種明覺，智者會給你所有這些概念，來讓你明白你不是這個「我在」，這只是食物精華的產物。一旦你體認到這一點，無論他之前給了你什麼概念，連同這個「我在」，都將被拋棄，只剩下究竟實相。

事情就是這個樣子。你永遠不能說我就是這樣，因為你是不帶明覺的。很少有人能理解這一點，並超越能知之力的領域。

聽完我的談話後，你會認為這一切都很簡單，但其實並不容易。

其實沒有人證悟

一九八〇年十二月九日

尼薩迦達塔：在這裡，你將知道的是真實，而不是你希望聽到的東西。當「能知」升起，二元性就產生了。我存在，我知道我存在，這是二元性；我在，而我沒有意識到我存在，這就是獨一性。只有「一」，但當對存在有了覺知時，就會有一種二元對立的感覺。

問：證悟的人知道一切嗎？

尼：其實沒有人證悟，只存在著純淨的明覺。只是出於交流的緣故，我們才說一個人是證悟的。明覺了悟到它是明覺；這就是所發生的一切。我不是身體，我不是語言；當明覺認識到這一點，就叫做「了悟真我」。

問：馬哈拉吉給予的眞知是針對智者的。對於一個不能理解這些的平凡人來說，該怎麼做呢？

尼：拜讚和禪修。禪修可以讓不成熟的智慧成長，變得成熟。

問：一千年前，人還很原始，不可能理解這些，這只適用於進化發達的頭腦。

尼：無論是原始人還是文明人，人都能理解這些。即使是在那種時代，肯定也有一些人身上出現了這種智慧，並本能地明白了。

這種真知並不是新產生的，它一直存在著。人會本能地認識到。

問：爲什麼好像印度才是這種眞知的搖籃？其他國家似乎沒有這種眞知。

尼：不是這樣的。這整個顯現是由究竟實相展現出來的，在不同的國家可能展現為不同的形式。在什麼地方展現成什麼樣，是無關緊要的，所有一切也都是究竟實相的表達。這其中沒有因果關係，為什麼一件事發生在一個地方，另一件事要發生在另一個地方，是毫無理由的。剝除了這些之後，人究竟是什麼，這才是要去探究的。

問：上師能推我們一把，讓我們更接近那個眞知嗎？

尼：你認為你是一個個體，而上師是另一個，但事實並非如此。上師是這個暫時的「能知」的知者。

想想看，現在這情形有多離奇：我和你說話的同時，身體承受著劇痛。

我確切地瞭解到，並沒有相互分離的個體存在，也不存在如同世俗知識與靈性真知這樣相互分離的知識。沒有上師與弟子，沒有上帝與信徒。沒有什麼對立物，它們是極化產生的二元性，不是兩個獨立分開的個體，而是一個整體的兩個部分。我對此深信不疑，但我仍在與你說話。你接受它為真知，我將它作為真知而傳授。想想看吧，這很有意思。

談話自動從我嘴裡流出；在這些話語流出之前，內在並沒有去構思什麼。這裡面沒有頭腦的戲份，它是直接自發而出的。

問：馬哈拉吉談到的「能知」，其定義是什麼？

尼：這裡所談到的「能知」，是一種活著的感覺，一種當下感，存在感。是對存在的愛，這是所有欲望的源頭和起因。

只要概念還在，你就會再來

一九八〇年十二月十三日

尼薩迦達塔：究竟實相本身是獨一的，但它被展現為多種多樣的方式與形態。作為究竟實相，我對自己無有體驗。沒有對象的虔敬，就是對真我的虔敬，那裡沒有二元性。一旦產生了二元對立，虔敬就被劃分為主體與客體。在出生之前，我們沒有意識到自己；只有當外來因素，所謂「出生」，介入後，我們才意識到了自己。

明白這一點，就是覺悟，對此，沒有什麼道路或技巧。這非常微妙，我想就此再多說一說，但身體狀況不允許我說太多話。

我所公開談論的東西，其他人是不會講的。每個人能接受多少，取決於他自己的運氣。你也要明白，從我這裡聽到的東西，你是用不上的。不管你聽到什麼，它都會自然起作用。

問：坐在這裡聆聽馬哈拉吉的開示是種純粹的享受。儘管這似乎是二元性的，但它深深地觸動了內在的某些東西。

尼：只要你內在還有二元性的感覺，你所聽到的開示就不能抵達目標。

要明白我在說什麼。「能知」是自發產生的。一旦我意識到我自己，我知道我存在，於是我就會愛上這種「存在」；我不想讓這種「存在」離開我，因此我整天都在奮鬥，直到抵擋不住睡意，這都是為了保證這種「存在之愛」得到滿足。

然後，上師告訴我事情原來是怎麼回事：這種我深愛著的「能知」，只是一個幻覺。它是所有不幸的根本原因，而我的本來面目存在於這種「能知」出現之前。「那個」超越了所有的概念，任何對它的稱呼都只是概念。

不要使用文字，徹底、直觀地理解它；但也要明白，那個理解對你來說是沒有用的，因為它發生在「能知」的層面上，而「能知」是虛幻的。

在這裡被錄音和記錄下來的內容，隨著時間的推移，重要性將難以想像，屆時，理解的基礎將更廣大，大家會想知道本來面目是什麼。到那時，更多人知道這些談話之後，大家會為此驚嘆。話不在多，但那些在某些時候會為自己的成就而驕傲的人，聽到這些話時，他們會訝異自身的明覺突然消失不見。

問：我不明白「能知」這個詞在這裡的使用方式。我還以爲「能知」就是純粹的覺性，是終極的實相。

尼：這個「能知」是有時間限制的，而且依賴出生了的「食物之身」。在「能知」出現之前的「那個」，才是究竟實相，當「能知」沒有身體、也不知道自己的時候，它就是究竟實相。我們只不過就是這種「能知」。

你來這裡，我和你交談，但我在乎你來了還是走了。我是完全獨立於外的。我乃究竟實相，不需要「能知」。說「完全獨立於外」只是為了讓你體會、理解，我看上去是依賴這種「能知」的，是它在說「我在」。正是這種感覺使我能感知到你。我原來是沒有這種概念的，但即使在那時，我也存在。在這個「能知」出現之前，我就存在。

無論你想要、貪戀或崇拜什麼，都只能是概念。你聽說過什麼是「概念性的存在」，以及什麼是「先於概念的存在」嗎？許多人來這裡純粹是為了靈修上的目的，他們表現出了對我的滿腔熱愛。隨後，某些好運降臨到他們身上，他們興旺發達了，發達之後，就沒有時間來這裡了。之前那些熱愛哪裡去了？這就是幻相的領地。一個人一心只為靈性探索，來到了這裡，然後這個幻相向他展示了一小點誘惑，他就離開了。

這個幻相並非獨立地進行操控，我們是她的同夥。那人敢和這個幻相分離嗎？不，他會接受幻相。那個自我（即「我是某某」）很難擺脫，但真的明白了我的話的人，自我是無法影響他的。

只要這些概念還在，你就會再來；一旦你超越了概念，就沒有必要再來這裡了。

從什麼時候開始、因為什麼？是什麼令你認為你存在？

「出生」這個坑

一九八〇年十二月二十三日

問：當你去觀察一個問題，人類頭腦中的問題，如果你非常專注和純粹地看著它，問題就會消失，只剩下觀察本身。那個觀察是什麼？是誰在觀察？那個觀察的本質是什麼？如何更進一步？

尼：這是一種傳統的領悟方式，是觀察世界的一種傳統方法，僅此而已。只是一種方法，就是這樣。這個觀察機制是何時開始的？它始於醒位、沉睡位和「明覺─我在」[153]的出現，這三者匯合成為一個「我在」，這稱為「出生」。伴隨著所謂的「出生」，這三態就出現了；伴隨著三態的到來，觀察就開始了，每天都在進行著。「我在」一旦產生，它就被用於體驗、觀察等等。

在這個「出生」發生之前，「我在」在何處？它不存在。

問：進一步講，一個人在觀察，只是觀察著，那麼，還要進一步參問嗎？應該要參問什麼？

尼：觀察是什麼時候、因為什麼而發生的呢？你積累了很多深奧的名詞，但真我明覺尚未顯露。

問：你看，這就是我在觀察的。要怎麼參問這個呢？

尼：你知道你在。因為你知道你存在，一切才能發生。要去瞭解這個「明覺—我在」。當你明白了這個「我在」是什麼的時候，謎題的外殼就被打破了。

問：要達到這一步需要怎麼去做？

尼：你要去到升起這個問題的源頭。那個源頭會解決這個問題。

問：這其中有什麼可探詢的呢？

尼：噢，有的。如果有人或主體，想要探究的話，他都不應該接納身體為自己。要從你僅僅是「明覺—我在」這個立場上，來詢問。

問：你能提出問題，是因爲不知道。

尼：是的，但最初的無明就是與我們的「純淨我在」有關。我們認為它是究竟實相，那就是無明。我們假認這種「能知」是永恆的，是究竟實相，但那是個錯誤。只要有醒位和沉睡位存在，這個「我在」的基礎就存在。我不是醒位，我不是沉睡位，因此，我這個「究竟實相」，也不是那個「我在」。把這三種狀態都放到一邊，你是什麼？

問：又回到了「我是誰」這個問題。

尼：要弄清楚。當你恰恰把用於提問的「工具」放到一邊時，問題又在哪裡呢？

問：如果你不提問……

尼：哪一個「你」？你已經去掉了那個「你」。

問：我不知道。怎麼回答？

尼：沒有了這三態之後，你還會有什麼問題？讓我們假設你五十歲了。你已經和那三態關聯在一起五十年了；現在，回去五十年以前，你體驗到了什麼？你那時是怎麼樣的？

問：我不知道。

尼：正是如此。那是一種「不知」大家的狀態。在那種「不知」的狀態下，突然就出現了「知」。這一切惡作劇都是它產生的。你從何時開始存在？還會繼續存在下去多久？

問：嗯，我覺得是從我有了體驗開始，只要我還在體驗，就會繼續存在下去。

尼：對。現在，去掉「我在」的體驗，來說說這個。

問：我說不出來。

尼：與那三種狀態[154]、那一連串惡作劇產生了關聯，是因為什麼呢？

打個比方，一棟房子著了火，據說是因為電線短路造成的：那麼，這三態的出現，是因為什麼短路了呢？是發生了某種摩擦。

當你按下打火機，就會冒出火焰；由於摩擦或短路，這三種狀態就都冒了出來。

問：火焰是指什麼？

尼：「我在」。

問：我生來就有這個。

尼：是那三態讓你現在體驗著生活，也讓你做著靈性修持。

問：到了最後，什麼問題都沒有了，也沒有「我是誰」或「我是什麼」。如果我撇開這三態，就只有沉默了。

尼：沉默或平靜，是與混亂或動盪相依相存的。

問：這和平靜、動盪無關。我的意思是說，如果你只是靜靜地坐著，安住於你的眞我中，撇開了這三種狀態，明白自己是不了解自己的，那麼，你只能沉默了。

尼：你說的是不可能的。只要醒位和沉睡位存在，「知」就會在。如果沒有它們，你就不會以這個身體出現在這裡了。

如果你在出生前就有能力知道你將要出生，你就不會願意跳進「出生」這個坑了。

「我」和「我的」的概念

一九八〇年十二月二十四日

尼薩迦達塔：我現在的狀態和以前很不一樣；早些時候，當我在聽拜讚歌的時候，我會意識到文字以及其中所含的深意，並且我會完全投入到拜讚歌中。現在，我的意識反應只到這樣的程度：能意識到拜讚歌的唱誦正在進行，但沒有參與其中。

我不再關心任何與「我」或「我的」的事情。這種「我」和「我的」的感覺可以非常強烈，以至於一些雞毛蒜皮的小事都可以吵，這僅僅是因為對「我的」的認同。

這種「能知」只不過是能量。當身體精華變得微弱時，「能知」也會變得微弱，並最終離開，沒有什麼是真的死了。

食物能讓這種能量保持良好的狀態。我不大接受治療，但我確實讓人來按摩我的身體。這種按摩恢復了身體裡的暖意（這就是能量）。所以，身體內的能量，本已日趨渙散、寒冷，按摩後會再溫和起來。

被生出來的，是醒位和沉睡位，以及時間和「能知」的概念。一旦這種「能知」意識到它自己，它就把某些東西當作是自己的，因為有了限定，於是其他東西就不是自己的了，並且對於認為屬於自己的東西，會為之奮戰，想保護起來。當「能知」認識到它本具的力量，認識到它是遍及一切時，「我」和「我的」的概念就不復存在了。

這種「遍在能知」被認為是神，它萬能、全能、無所不知、無所不在，它擁有一切屬性。這些屬性是屬於「能知」層面的神，而不是究竟實相。究竟實相是沒有屬性的。

天空存在之前，你就存在

一九八〇年十二月二十七日

尼薩迦達塔：每個人都想認知真我，但麻煩的是，他們都不想放棄身體認同，這兩件事情是矛盾的。只要放棄了身體認同，一切就變得簡單了。在任何事情發生之前，我就存在。如果問一個人他是否知道天空是何時出現的，他會說他不知道。他不知道，因為他認為他的存在只是一個有身體的能動生命。

天空不存在時，我也知道。知道的是誰？正是先於一切的那個。我的真實本性不受時間概念和空間概念的限制。

你一聽到這句話就會一頭霧水，你會說：「如果是這樣的話，我該如何做我日常的工作呢？」瞭解你的真實本性吧，然後你想做什麼，隨便你去做。

我是懷著極大的誠意和緊迫感說這些話的。大家聽了之後，卻不放棄身體認同。他們是鐵定了心要緊抓住身體不放。

即使是「天空存在之前，你就存在」的說法，對你來說也是不能接受的。有個孩子在玩一枚硬幣，哪怕只是一分錢，但如果把這一分錢拿走，孩子就會大吵大鬧。儘管正在傳授給你真知，但你卻像孩子一樣，一心只想抓住認同不放，就怕別人拿走。即使給孩子金子做的玩具，他也會拒絕，因為他一心只想要那枚小硬幣。即使我把這無價的真知給了你們，你們也不會接受。

首先傳來的是昭示著存在的聲音，但其實我不是這個存在；我既不是存在，也不是那個昭示存在的聲音。無論一個人看到或感知到什麼，他都一定先於所看到或感知到的東西而存在。這很簡單。

當對真我的認識越來越堅定時，曾經吸引我們的東西，對我們就不再有誘惑力了。你看到我在說話，看上去很輕鬆，但其實痛苦不斷，特別是在下午兩點到四點之間。這種「能知」的存在本身越來越難忍受。這不是別人的體驗，是我自己的體驗。

現在這些談話，被錄了下來，等到謄抄成文字、整理成書，後人讀到時會怎麼理解？他會說，他無法想像世上曾生活過這樣人，能說出這樣的話。實際上，我現在達到的層次、那個「道」，哪怕只是瞥見一眼，那個人都需要擁有極大的福德。這些談話非常深刻，背後的含義更加深奧。只有幸運的人才會來聽我的談話。

我反覆告訴過你，沒有什麼可以保住這個「能知」，即「明覺—我在」，如果你想崇拜點什麼，那就去崇拜這個吧。我正在賜予祝福。祝福意味著什麼？意味著我在給你信心和勇氣。

你的修行結束了

一九八〇年十二月二十八日

尼薩迦達塔：你有哪個概念可以把捉那個整體，即究竟實相？你知道明覺本身就是無明嗎？如果它是真實的，它就應該會永遠存在，不會有開始和結束。

現在「我在」這個體驗能被感覺到，更早之前，這個體驗是不存在的。不存在，就不需要證據，但一旦存在，就需要大量的證據。

你早上是怎麼醒來的？你到底為什麼會醒過來？頭腦並不知道，人知道了些什麼，都是靠頭腦。現在我的手舉起來了，誰知道？舉起我的手的那個，知道手舉了起來。在頭腦存在之前，你就在；因為你存在，頭腦才工作。

你什麼時候會醒來？只有當你在時，你才會醒來。

因為他人的種種概念，你圍繞著「你」自己積聚起數不勝數的東西，讓自己迷失了。「你」被來自他人的概念裝飾、打扮起來。在接受外界的一切道聽塗說之前，有人對自己有所瞭解嗎？

自性上師的目的是告訴你，在你累積從他人那裡得來的概念之前，你是什麼樣子。你現在的靈性倉庫裡裝滿了別人的話，把那些概念都摧毀吧。「自性上師」意味著絕對不會改變的永恆狀態，那就是你的本來面目。你是不會改變的、永恆不變的究竟實相。自性上師讓你把所有牆壁都拆掉，這些牆都是因為你道聽塗說，用概念造起來的。

你沒有形態，沒有樣式。你看到的名字和形態只是你的能知之力而已，真我是無色的，但它能夠判斷顏色等等。

由自性上師所教導的人，不會再出生。你的修行結束了，你已經來到了這裡。

我是向你們這些尋找真我的人，講授這種真知，我帶你們進入的，是一個沒有飢渴、沒有欲望的狀態。

當你領悟了之後，你就會看到，只要能知之力存在，「我」就是無處不在的。但能知之力的見證者[155]不具有「我在」，那才是你真正永恆的本性。

放棄身體對我來說，是個盛大的慶典。

讓虛幻的世界照顧它自己吧

一九八〇年十二月二十九日

尼薩迦達塔：坐下來禪修有助於讓能知之力綻放。它會引發更深層次的理解，能自然地改變行為。這些變化是在能知之力之中發生的，而不是在虛假的個體層面之上。人為強制性的改變，是發生在頭腦的層次上。精神和智力上的改變是完全不自然的，與「生之基礎」中發生的變化截然不同。在禪修時，這些都會自然、自動發生。

大多數人看到「明覺之樹」[156]，會欣賞讚美，但需要瞭解的是它的源頭（種子[157]），潛藏的力量從中迸發。許多人談論它，但僅限於頭腦的層面；我談論的則是直證的真知。一微毫的能知之力，就像一粒種子，包含了大千世界。能知要顯現，需要物質支撐。所有的野心、希望、欲求都與認同相關，只要還有自我認同，就看不到真相。

問：對於整個顯現或整個現象界來說，是否有其宿命？

尼：既然沒有單一的自我認同，它能走向何方？熱能是火焰的宿命，食物精華之身也是能知之力的宿命。唯有能知之力製造了命運，命運帶來了苦痛。由於錯誤的自我認同，我們認為能知之力是個體化的，但實際上它廣闊無限。

能知之力的源頭[158]是先於時間和空間的。顯現需要時間和空間，但在顯現發生之前，能知之力的源頭就存在了。顯現中有五大元素、三德，以及最重要的，能知之力，那個「純淨我在」。所以，要是沒有我的能知能覺，事物怎麼可能存在呢？即使是五大元素，沒有我，也無法存在，我什麼也不做，不創造任何東西，它們之所以會發生，是因為我能知能覺的存在。我的存在，是貫穿始終的，我可以很肯定地這麼說。

有些人可能會讀到這些對話，有些人可能聽過錄音，有些人可能想聽，但囿於現況，完全沒機會拿到錄音帶，所以聽不到。在整個顯現中，有種種無數的身體形態，但一切的來源都是能知之力。這個能知之力是什麼？有人沿著這個方向在思考嗎？

在夢中，大家看到了月亮、星星等，但自我認同卻不存在。能知之力必須在醒位才能被瞭解。人來來去去，風景來來去去，五大元素來來去去，但我一直在。我意識到我的「能知」，然後只是這樣，整齣戲就出現在眼前。

假設有一位非常重要的人物兩個月後要來拜訪。布置房子，搭好看臺，街道上張燈結綵，會有各種表演。為什麼？是因為有位貴賓要來。

有些人禁食一個月，吃了很多苦，但他們放棄了這麼多，是希望有更多回報。

大家四處尋找，但就是不去到那個源頭。去掉這個本具的能量，看看還有誰還能做什麼。我們把這種無限的能量局限在身體這個渺小的現象上。認真思索一下這句話：我的能知能覺不在的時候，我是什麼？我喜歡聽到自然流露出來的話，看看它們是多麼真實、不受限制啊！

有個殺人犯逍遙法外，他犯了許多謀殺罪，國際員警正在追捕他，但總是抓不到。這就像傳統的經典無法探究或找到究竟實相。它是吠陀經、往世書等等把捉不到的[159]，因為它不是概念性的。對於能逃脫警方的全力追捕，這個殺人犯非常自豪；員警們聚在一起商量著抓捕計畫，他毫無畏懼地就坐在同一個地方，所以抓不到他。

人都有一死，那麼就以你的真實本性而死去吧。為什麼要作為一個身體而亡呢？永遠不要忘記你的真實本性。可能很多人都無法接受，但這就是事實。如果你必須有個目標的話，那就取最高的那一個，這樣至少在死亡的時候，你會成為究竟實相。現在就堅定地、果斷地下定決心吧。

有一隻老虎向你走來，你知道如果牠要攻擊你，就必有一死。那麼，為什麼死的就得是你呢？去打吧，或許牠就被打跑了。但是，如果老虎只是經過，就沒必要攻擊牠！只有在絕對必要的時候，再跳到牠身上。

神是偉大的，幻相是浩瀚的，但你到底是什麼？毗黎提[160]使你遠離了真我。沒有人想深入、徹底地探究真我；大家只是在膚淺的層面上參問。

問：我的頭腦無法保持安靜，它四處亂跑。

尼：頭腦裡的胡言亂語，可用以自娛，但你不會獲得真知。這都是精神上的消遣，因為事情的實際狀況，是「你是什麼，就是什麼」，沒有粉飾。

問：存在著各種欲望，它們會不斷地提出要求。

尼：總而言之，你是什麼？

問：我什麼都不是。頭腦等等，還是一直繼續著。

尼：那你為什麼要學這些呢？

問：利益眾生。

尼：那麼多偉人帶來了如此多偉大的福祉，但是他們現在哪裡呢？

問：潮起潮落。我毫無所求，只願爲眾生服務，這樣度過一生。

尼：做你喜歡做的事。雨水從天而落，滋潤萬物。它在利益眾生，不會痛苦。眾生都因雨水而得以維繫生命，他們快樂嗎？

問：他們都在受苦，我也沒有得到安寧。馬哈拉吉是怎麼看我們的？

尼：我看到每個人都和我一樣。這個存在，是源自父母的結合。所有的人都沉浸在概念之中，他們以此為樂。

問：當我融入音樂時，一切都是喜悅，但當我陷入衝突時，一切都是痛苦。有時候我很生氣。爲什麼？

尼：頭腦、身體及其行為反應，不是我談論的主題。我不處理這些問題。有許多人能處理這類問題。

問：但幾乎所有人都站在身心的一邊。只有百萬分之一的人會向你敞開。

尼：問你自己吧，不要為別人操心。

問：一方面，我覺得我被靜默所吸引，但又覺得無數的生靈在受苦，聖人們卻對此無動於衷。

尼：因為他們的痛苦是虛幻的。

問：我知道有四種狀態：清醒、做夢、深度睡眠和超越這三種狀態的狀態。我頭腦能夠理解，但世上還是有痛苦存在。

尼：擺脫所有這四個狀態，也擺脫他人的痛苦吧。讓虛幻的世界照顧它自己，你必須找出你是誰。

問：我想實踐自然療法[161]，教導別人，並且也學習一些智慧。

尼：你這樣滋養著這些概念，那你就根本走不出來。首先，瞭解什麼是附帶的、什麼是真實的。你是你父母觀念的產物，不是嗎？

問：是的，在概念的層面是這樣的。

尼：頭腦和所有的概念之所以存在，都是因為「我在」這個主要概念。你和你的父母，是同時產生的兩個概念。現在，不要認真去體驗什麼，那麼你現在體驗到什麼？

問：我在。

尼：這不是一個概念嗎？概念又形成了概念，這是一個巨大的概念世界。

問：我想擺脫。

尼：這得靠自己來實現，不能靠口耳相傳。是誰獲得了真我智慧？我什麼時候突然就存在了？必須親自知道，要第一手的，不是從別人那裡聽來的。

你在，你知道你在，這就是至尊之主，是剎那迸發而出的光輝。臣服於它，你就會知道一切。它沒有形象和名字。這種臣服，靠的是堅定的信念。

你無法看到或瞭解光的特性，除非你就是光本身。你是那個精微的明覺，只有當那個存在時，其他的一切才是可能的。

與能知之力合一

一九八〇年十二月三十一日

問：融入大家的能知之力時，情感上會精疲力盡，因爲也感受到他們的悲傷和一切。這是一種該去安住的正確狀態嗎？

尼薩迦達塔：這是初步階段，但很棒。分離仍存在，但它會逐漸成熟，成為完全的合一。

問：我感受不到要爲世上任何事情而奮鬥的欲望。

尼：這沒什麼不好的。你滿足了對喜悅或快樂的渴求，因此就不再追逐什麼了。

問：是否還會留下一點個體性，用以繼續履行一個人的職責？

尼：這種個體性不會產生一絲不滿或恐懼。它靠自身的能量繼續活動著，就這麼自然而然地運作，對個體的「我」毫無記憶。會有一種對整體顯現的記憶，但不會有對個體行為的記憶。

問：我感覺我與能知之力是一體的，但仍有搖擺。

尼：你還沒有穩定在能知之力之中，你瞥見了幾分。與能知之力合一，是超越這些清醒和睡眠的狀態的。你知道虛空，你知道空間，但你能和空間合為一體嗎？還沒有，這是不可能的。當你與能知之力合而為一時，你就與空間合而為一了。

問：我還能做些什麼來幫助自己成長、進步嗎？

尼：能知之力是不會有所進步的。即使是空間也不會有所進步，空間只排在第三位。首位的是究竟實相，其次是能知之力，第三位是空間。在沒有「明覺─我在」的地方，那是第一位；後來有了「我在」感，那是第二位；然後是空間──第三位。就算通過了奧義書的考試[162]，能讓你瞭解真我嗎？

問：沒有。但它還是起了點作用。

尼：對我來說，一切都是自發的，那是我的本命之法。如果有了達智慧的人來告訴我，我是愚蠢的，我會說：「這愚蠢是我的財富、我的自由。那個在我之上產生的『知』，那才是愚蠢。」

你是一位淑女，如果有人來羞辱你，把你當成男人一樣，你會因為這個誤會非常生氣。認同這個身分，覺得「我是這樣的」，才是羞辱，辱沒了你的本性。

問：如何去除這種對身體的認同？

尼：你是無形的能知之力，要增強對此的信心。你要培養出堅定的信念，一切顯現，即「遍在能知」，都是你。沒有人能夠去認知永恆的真理，因為它是一個人的永恆的真實狀態，但它不是一個可被覺知的狀態，你不可能知道它。在有相的層面，所謂的明覺，那個

「我在」，是無限而又豐富的。

在這個身體裡的是「明覺─我在」。當身體垮掉時，「明覺─我在」只能消失，剩下的就是究竟實相。

我不在，宇宙還在嗎？

一九八一年一月一日

問：沒有我存在，宇宙存在嗎？

尼薩迦達塔：當你沒有「能知」的時候，你關心這個世界嗎？只要「能知」存在，世界就會存在。

別去牽扯太多的問題和答案。去冥想那出生時的一滴[163]，把你的注意力集中在這上，一切都會向你揭示出來。如果你當自己是一個個體，想要動腦研究這個主題，那就不要來見我了。現在已全盤托出，剩下的就看你的了，去嘗試吧。

為什麼你要糾纏於樹枝和樹葉？為什麼不直取源頭種子？沒有種子，樹就不會存在。找出種子是從哪裡來的。這就是我為什麼一次又一次帶你回歸到源頭。我不得不受的痛苦，無論是身體上的還是其他方面的，是因為什麼而起？痛苦是從「真我之愛」，從那種存在下去的需求開始的。這種「能知」是所有痛苦的根源。這種對存在的愛、對真我的愛、對「能知」的愛，本質是什麼？這是種子、精子的本質。能知之力潛藏在種子中，大家稱這種子為「出生」。明白這一點的人在哪裡？

既然得到了靈性的真知，你為什麼還只想紙上談兵呢？

大家會聽到我說的話，但沒有人會付諸實踐。我待在我上師身邊的時間不長。我的上師只是告訴我：「你不是這個，你是『這個』。」僅此而已。我對此堅信不疑，使得真知得以開花結果，成為如今這樣。

從食物的精華中，產生了「我在」這絲味道。究竟實相沒有味道，沒有顏色，沒有樣式。你不能被你所見，只有非你的東西，才能為你所見。

不要妄稱自己是「做為者」

一九八一年一月六日

問：死後我能幫助別人到達光明嗎？

尼薩迦達塔：死後你不會記得你是誰。你必須瞭解死亡是什麼。你說的是來世的事情，你還記得前世嗎？

問：前世我在一個島上，幫助其他人。

尼：你還記得你的父母嗎？

問：不記得。

尼：你在那裡出生的證據是什麼？

問：我不知道。

尼：這只是一種想像，一種空想，一個你想出來的概念。如果，在死亡的時候，意識懷有一個非常強烈的構想，能知之力就可以把那個特定的構想創造出來。假設在死亡的時候，你想像在某個地方度過一生——能知之力就能創造出一個類似的情境。能知之力的王國不是永恆的。能知之力是個騙局。所有這些都是能知之力國境中的幻相。

問：能知之力總是顯現出來的，是這樣嗎？

尼：只要有一微塵許的虛空，能知之力就會存在。

問：去隱居對證悟有幫助嗎？

尼：有幫助。

問：那脫離世俗的生活呢？

尼：不是那樣的。你不必脫離家庭生活。

問：那應該怎樣隱居？

尼：即使在人群中，也要獨處，安住於你自己的真我。將注意力集中在你的真我上。

問：如果一個人並不能在智力上理解，只是虔信而已，這重要嗎？

尼：如果你有這種虔信，明覺就會從中擴散出來。當大家說某人出於虔信而見到一位神時，那不是個體性的神，而是虔信者自己擴散到明覺中，進入深邃之處——他變成了神。只要虔信者認識自己，神就會存在；當虔信者沉入空無時，神也就歸於空無。你必須認識到，歸根結底，你的資產表上是零[164]。

「我在」的存在，源於身體中所消化的食物精華。現在，你之所是，是這一食物的產物。如果沒有食物，哪裡有你？那麼你所收集到的這些高深的真知又何在呢？

不要擅自妄稱自己是任何事情的「做為者」，一切只是這樣發生而已。如果你不是「做為者」，那麼所有的戒律，包括神，還有什麼用呢？即使你完全相信，你是會化為烏有的；可是，當你躺在床上奄奄一息，你還是會喝下最後一滴藥，就想再活久一點。

知道自己一無是處，這才是真正的解脫。你所有的知識，包括你自己，都被清空了，然後你就解脫了。

如果你認為自己做了一些了不起的事情，那麼你便會計畫著要去天堂，你被各種概念所迷，你並未解脫。這份真知適合於那些對上師有虔敬心的人，只有那種人才適合接受這份真知。

問：雖然我們聆聽這些開示很多年了，但我們從不疲憊。

尼：還有這種要一遍又一遍聆聽的執念。不要收集言語文字，儲藏起來，應該要接受這些話語的衝擊，然後放下。

在所謂死亡的時刻

一九八一年一月十日

問：能知之力是通過頭腦運作的嗎？

尼薩迦達塔：一切都發生在能知之力中。我早已放棄了獨立個體的身分，不存在獨立的實體，一切都只是能知之力中的一種顯現而已。

正如在一塊布上，主要的元素是線，在任何表象之中，本質都是「能知」。必須深刻地認識到這一點，但只要存在身體認同，就沒法認清這點。只要自我認同存在，你就只會為這個虛假人格的利益著想。

只要你有這種能知之力，整個宇宙就活了，一旦它離開了你，就什麼也沒有了。要明白，有人說的是從書上看來的，有人說的是基於體驗的，這兩者是有區別的。

智者認同「遍在能知」[165]，所以可以無入而不自得。只是見證著而已。這個「身心裝置」對於智者和無明之人來說，都是存在的；但是無明之人認同身體，隨著外界起舞，時而開心，時而難過。智者只是見證著，對於所發生的事情，他不會有個體性的關注。

我重複了一遍又一遍，請聽好了：要瞭解是什麼讓我們感覺活著，瞭解它的本質，瞭解它的味道，然後身體認同就會消失。

這個「真我之愛」，這個「本然存在」，無需你去努力就已產生。什麼是它的本質、它的味道？它是什麼？你必須弄清楚。

堅信你就是這個「本然存在」，不要賦予它四肢、外觀或形態，因為一旦你賦予它身體，你就限制了它。

要瞭解，是這個能量在背後支撐著整個宇宙的顯現。

你問了很多問題，你在書本文字中尋找答案，而不是憑直覺的經驗。這不是真知。真知是不費吹灰之力就從能知之力中湧出的，它任運自然。

這一能量被賦予了各種名稱，它是一切顯現的源頭。大家向這些名字和形象祈禱，而不去向這些名字所代表的那份「本然」、那份「本真」祈禱。只向那個「本然」祈禱吧。

就像兩個真正的朋友之間是沒有隔礙的，因為真正的朋友無需開口就知道對方的需要，關心著對方，自然地照顧對方，所以說，你和那份「本真」之間要建立起來的，是這樣一種深厚的友誼，不是帶著祈求賜福的態度，而是以朋友尋求朋友的態度。請與覺知的源頭，「本然存在」本身，即「明覺—我在」合為一體吧。

大家談論林林總總的事情，但就是不討論我告訴他們的這件最基本的事情。他們對科學奇蹟津津樂道，把科學奉為上帝，關心這些顯現出來的形象，卻對最原初的奇蹟，這個身體和它的「生命之力」[166]，不感興趣。

我們忽視了這個奇蹟。如果沒有能知之力，就沒有上帝。上帝的存在和本質都在這個能知之力中，因此也在這個身體裡。

這些寺廟和教堂是怎麼來的？因為受到身體內的能知之力的啟發。能知之力是梵、上帝，以及萬物的種子，事情只有在能知之力存在的時候才會發生和顯現，而能知之力就蘊含在身體之內。

我所說的一切，不會讓你在這個世間獲得什麼益處，我只告訴你，你是什麼。如果你在尋求那種無價的平靜，那只能靠堅定的信心，安住於能知之力，才能得到。我所說的信心，指的是永不疑惑、牢不可破、不可動搖、堅定不移，那種要對你的「本然存在」擁有信心。不再想其他東西，不再向別的東西祈禱。阿特曼之愛，正是因為它，一切才存在。

在所謂死亡的時刻，會發生什麼？死亡也就意味著那一微毫的能知之力被拋棄了，這一微毫被交付給了一個概念，就是被你認為是「時間」的這個概念，你不情願地把這一微毫交給了時間；而智者則把它交還給他自己的真實本性。

這個阿特曼之愛、這種存在，我們細心保護了這麼多年之後，該把它交付給誰呢？無明之人，會交付給時間概念；無明中的虔信者，會交付給神這一概念；智者，則會交給他自己的真實本性。

無論你認為自己是什麼身分，這身分是你努力得來的，還是刻意營造的呢？有什麼是你真正擁有的嗎？沒有。這個身體，這個「能知」，是自發產生的，所以睡意想來就來了，清醒和睡眠也不在你的控制之中。什麼是屬於你的呢？誰能靠自己的努力就獲得這份真我的智慧呢？

這個虛假的個體認為，正是他在做事、在行動。我現在是作為能知之力在與你們說話。你們中有誰能夠給我直接指出這種明覺，也就是你之「本然」？

問：能知之力感謝能知之力，感恩至深。

尼：不可言說的那個，我也說過了。接受那滴〔甘露〕吧，品嘗它，然後吞下去。

聽好了，神只存在人的心中，而非其他處所。你認同這個身體，並限制了自己，但請記住，不要忽視這個身體，這是神的居所，照顧好它。只有靠這個身體，才能了悟到神。

只是為了從分析的角度去理解，神、你的身體、你的真我，才被分開來談論，但它們彼此密切相關，只是同一個真我。

沒有什麼要去完成的

一九八一年一月十九日

尼薩迦達塔：這種存在感，對你來說，難道不是最理所當然的東西嗎，你最愛的難道不是它嗎？

你為什麼坐在這裡？你坐在這裡是為了自己的好處，因為你想要得到一些什麼。你到底是什麼？去好好想想這個。你存在著，對此你毫不懷疑，那麼到底是什麼讓你想要一直這樣延續下去呢？

百千萬劫，在時間的長河中，無數的身體被創造出來又被摧毀，他們有存在感嗎？他們擔心自己嗎？沒有了這種存在感，你就什麼也做不了；但要去延續它的話，你也無能為力。

問：為什麼它想要延續下去？

尼：這就是它的本性。「能知」和愛是一回事。問問你自己，你到底想要什麼，你在追尋什麼？你視自己為一個實體，並想得到一些什麼。如果沒有「能知」，你會需要什麼嗎？

你聽到的這些，和你期望聽到的東西，是完全不一樣的。

問：我應該把自己視為「能知」嗎？

尼：除了「能知」之外，這個「你」能是什麼？它們是兩個東西嗎？世界上，沒有一個個體在做什麼事；也沒有一個個體在求道。既然沒有個體，就沒什麼束縛和解脫。只是明白這一點：沒有什麼要去完成的。不管我現在跟你說了什麼，聽完了就把它忘掉。在你獲得這個身體並有了這種存在感之前，告訴我，你有做過什麼嗎？在這種「明覺—我在」的存在感出現之後，就像電視畫面一樣，你就看到：這是你的家庭，這是你的父母。這樣的體驗，你有過的吧？

要明白，被創造出來的，就會被毀滅；要明白，你的本來面目，是離於憂苦的。我已經確認了，「能知」和能知之力中出現的一切都只不過是一場巨大的騙局。沒有人策劃了這場騙局。它是自行發生的。這起騙局背後並沒有一個行騙者。

這麼一微毫的能知之力創造出了一尊又一尊神像，泥塑土胚，這些神被供奉了起來，對我們有求必應。要明白這是一場騙局，也要明白，對此沒有什麼能做的，因此，能發生的，只不過是去領悟而已。

瞭解這個身體以及擁有身體的滋味，這就是領悟。身體難道不是食物的精華嗎，「能知」難道不是食物精華的本質嗎？有一個非常簡單的問題，必須記在心裡，問問自己：「我對自己的存在有什麼主權或控制嗎？」所以說，人能靠自己的努力做成什麼嗎？

要明白，整個顯現就是一個不孕婦女的孩子，但明白了這一點後，還是要全心全意對待自己的工作，並盡可能有效率地完成。好好地照顧你在世間所做的工作，因為這是個孤兒！

沒有個體存在

一九八一年一月二十日

尼薩迦達塔：究竟實相是……給你打個比方吧，在印度有一個地方你從未去過；如果有人向你描述那裡，那對你來說依然只是停留在描述上。任何被看得見的東西，都是「遍在能知」，即那個「本然存在」。當「遍在能知」將它自己顯化為一個能動的生命時，那個身體是受限的；它本不是獨立的，卻認為自己是獨立的。能動的生命由能知之力顯現而成；當能知之力沒有顯現為生命體時，它就蘊含於一切之中。如果你認為你明白了，那麼就沒明白。你所知道的一切，都不是真相。

身體是由五大元素所構成，每個身體都是按照五種元素的組合比例來運作的。只要一個人還認為自己是五大元素的精華[167]，就不可能明白，因為想明白的那個實體，是虛假的。明白與否，最大的阻礙是「我是一個個體」的概念，其次則是「我的觀點都是對的」。沒有個體存在，所發生的一切僅僅是能知之力作用下的展現，有的僅僅是作用，背後沒有誰在推動，也沒有誰在受苦——只有當人瞭解這點，並確信無疑，虛假的認同才會消失。否則，就會產生各種顛倒妄想。

那個自以為是的人留下了謎題，在還沒解開謎語之前，你是不會明白的。

我會把自己視為從鼻孔裡擤出來的鼻涕嗎？身體無非也是由排泄物而生的，有什麼不同嗎？

我既不是構成身體的物質，也不是蘊含在物質中的能知之力。

正在做事的不是你

一九八一年一月二十七日

尼薩迦達塔：你從哪來？誰指點你來這裡的？

問：我一直在泰國的一座寺院裡學習，方丈建議我讀馬哈拉吉的書。當我決定來印度的時候，幾個曾經見過馬哈拉吉的朋友叫我來這裡。

尼：你有問題嗎？

問：馬哈拉吉能否解釋一下他所提倡的修行方法？

尼：並沒有任何修行或戒律可遵循。只需要聽我講，堅定地接受我告訴你的一切。

問：那禪修呢？不重要嗎？

尼：每個人唯一擁有的，是對自己的存在，也就是「能知能聞」的確信。禪修只是安住在那種存在感上，僅此而已。

問：在禪修時，一個人只是坐在那裡，繫念在自己的存在上？

尼：不是作為一個個體坐著，而是作為當下的存在之感，遠離言語。專注在知道你正坐著的那個上，你覺得你的身體坐在這裡，這是與身體的認同，但知道這個身體坐在這裡的那個，它是究竟實相的作用。

問：這是靠頭腦來知道的嗎？

尼：頭腦是物質性的，你不是物質，你是能認知物質的那個。靠什麼才能去領悟？這其中你所需要的一切，這種存在感都會為你展現出來。靠你的努力是行不通的，但存在感（你其實與它是一體的）可以做到。

問：我是否應該每天從早到晚，在行住坐臥中，去培養這種存在感？

尼：你沒有必要去專注在它上面，它一直都在。無論你做什麼，都是由身心而起。讓身心去做它的事吧，但要明白，正在做事的不是你，你是那個存在感。

無論你付出了怎樣的努力，身體上的或智力上的，全都是身心上的努力。你無事可做。無論發生什麼，都是任運自發的，你是完全有別於身心的，對此要有信心。

問：聽起來很容易，但做起來一定很難。

尼：不管你怎麼想，容易也好、難也好，你都堅持一個信念：你就是那種存在感，而不是身心。你的本來面目，無形亦無色。

問：身心消失之後，那種存在感還會延續下去嗎？

尼：當身體消失的時候，那種存在感就會消失，「能知」也不再會覺知到它自己了。

問：當身體消失的時候，一切都會消失嗎？

尼：對。不再有快樂或不快樂的體驗，也不會再想要去體驗了。

問：就沒有剩下什麼東西嗎，什麼都沒有？

尼：你現在是在概念層面上思考。但在我所談論的層面上，還有誰存在著，有誰想知道呢？忘了「那個」狀態吧。

問：我想瞭解「那個」。

尼：任何能被瞭解或感知的，絕不會是永恆的真相。「不可知」的那個才是真相。我不需要任何體驗，所以我不需要和人爭吵。在身心的自然期限內，它們會繼續做自己喜歡的事。

問：做某些事會比較好嗎？例如，我有這個身心，我可以只是好吃懶做，我也可以忙著助人行善。哪個好？

尼：身心這一組合，它的天性是什麼，它就會做什麼。

問：人還是可以掌控一些事情啊，例如，可以去縱情享受美食美酒，諸如此類，或者可以做好事，幫助別人。

尼：這些做與不做，都是身心上的，而你不是身心，你的源頭是在那邊。要明白，沒有身體的時候，「能知」就不會覺知到它自己。只要身體存在，身體就一定會自然行使其功能。

問：那麼，我就只是讓它做它該做的？

尼：不是說要你允許它發生，它自然就會發生，你無法控制它。

問：但有些事情我能夠控制。是來這裡還是不進來，這我可以控制。

尼：那是個錯覺。無論發生什麼，都是自行發生的。所有這些都是能知之力的展現或表達，其本質就是變化，這是覺知的舞蹈。「能知」能用形形色色的方式自娛：有紛繁複雜的形態、能力、功能，都在發揮著作用，但其作用僅僅為了自娛。當它疲倦時，它在睡眠中休息；醒來後，它就需要一些娛樂，需要一些運動、一些行為。

這些都是能知之力中的表象，每一件事情各有其時限，但本質上，所發生的一切都不實在、不真實。除非覺醒或領悟了，否則你會認為你是做為者，但一旦這種覺悟發生，你就知道在行為中不存在實體。

問：我只是認爲最好去做好事，而不要做壞事。

尼：你說的好事和壞事是什麼意思？在一種情況下的好事，在另一種情況下可能是壞事。即使是你認為的好事，也只有在身體消亡前才能是好事。只有非常罕見之人才會意識到，沒有什麼可做的，因為他已經是「那個」了。

問：馬哈拉吉在度化我們，這是有意爲之的嗎？

尼：這是整個運作的一部分。正在發生的一切，如夢似幻，無論發生什麼，都是夢的一部分。無論我身上發生什麼，不管跟靈修還是世俗生活有關，都不會衍生成毗黎提[168]，因為任何行為都是普遍的和靈性的。由於安住在「不可知」中，靈性是圓滿的。

有很多次，我見證到肉體的痛苦出現在我身上，因為身體和「能知」，這個記錄苦樂的設備，依然還在；因為我的健康狀況，記錄下的苦痛比以前更多。之前，我還見證著那種疼痛，但你來了之後，它就消失了。當安住在「能知」之中，就只有喜悅[169]了。我曾徹底穩定在那個「能知」中，充盈著喜悅，但是突然間，這種疾病出現了並帶來了疼痛。只要你全然安住在「能知」之中，身體沒有失調，你就不會體驗到痛苦。這就是「能知」本身的特徵。

你是先於「能知」的。在那種狀態下，沒有快樂和痛苦。

「能知」與身體的結合就像這樣：你是一個單身漢，過得自由自在；和妻子結合，成了婚之後，快樂與痛苦的日子就開始了[170]。就是這樣的。

問：我怎樣才能獲得那種狀態？

尼：它一直是遍在的，但它超越了「知」。那個狀態是無法解釋的，有的僅僅是路標，「它在那裡」，那是語言無法踏入的狀態。

什麼是終極真相？

一九八一年二月一日

問：馬哈拉吉說，只有「能知」在我之中升起後，世界才存在。那麼，就我個人的看法，這是否意味著世界只有在「能知」存在的情況下才存在？

尼薩迦達塔：只要有這種存在感，世界就存在。存在感是在「能知」之中的，不是我的「能知」或你的「能知」，而是「遍在能知」。整個宇宙的顯現都取決於這種存在感，就是普遍的存在感。當這種存在感消失時，你的宇宙又在哪裡呢？

除了醒、睡、「純淨我在」這三種狀態之外，我沒有其他的體驗，但我也無法拋棄這三種狀態。它們是硬塞給我的，擺脫不了。它們是在我不知情的情況下出現的。沒人問過我要不要這三個狀態。

我不認為你們有人與我不同；與此同時，就我而言，我已經徹底摧毀了整個存在，因此，由於沒有了個體性，從我口中說出的話不再有約束。放下了個體性後，那人是個聖者、智者，或其他什麼，所有的姿態都消失了。有了一種姿態，就有了種種約束，「我是某某，我不能說這種話」。全部都是一場幻覺，只是好玩而已。

從你自己的經驗來看，有什麼是不變的嗎？即使是你對自己的看法也總是在變化。

我自己的體驗是，這個世界上什麼都沒有發生過。求道者、求道本身、所求之道，這三者都不是真實的。沒有什麼事情在發生，世界上所發生的一切只是一場騙局。什麼時候你才能抵達領悟或平靜？只有當你瞭解了這個事實，明白了靈性的真相，平靜才會降臨。

問：什麼是終極眞相？

尼：你。

你可以沮喪和憤怒，隨便你，但根本干擾不了我。我的狀態不變。

問：我在禪修中的種種體驗，算是眞相嗎？

尼：一切體驗都在時間中，並受時間限制。真相，不受時間限制。

一個絕對公開的祕密

一九八一年二月二日

問：對上師的臣服，我怎樣才能使之成爲永恆？

尼薩迦達塔：難道沒人告訴過你，這個世界上沒有什麼是永恆的嗎？這樣去參問，在這個暫時的狀態消失之後，或者在它出現之前，我是什麼？

你有一個可以使用一百年的鐘。一百年滿了之後，鐘就不走了，它已經物盡其用。當身體的時鐘停擺時，同樣的事情也發生了，那個身體對能知之力來說，已經物盡其用。

問：完全的臣服意味著二元，意味著某種結合，一者臣服於另一者。

尼：在「能知」的暫時狀態下，一切都是正確的。不管故事的情節如何，都是合理的，但故事本身是虛構的。

我現在告訴你的，是絕對公開，一個公開的祕密。對你，我毫無隱瞞。試著去明白吧。一切只取決於是否明白。

問：上師的恩典一直都在。

尼：上師不是一個個體，你正站在個體的角度思考問題。能知之力無所不在。找出這個「你」是什麼，這就等於是在尋求恩典。在身體之中，「純淨我在」滴答作響，那就是上師。你去崇拜「純淨我在」這一基礎，並臣服於這位上師吧，這位上師會賜予你所有的恩典。

在「能知」中的事物，無一不具有與其相應的對立面。當你說「明白了」的那一刻，「明白」只會是「不明白」，所以你對上師的瞭解，也只是無明。什麼時候明覺會成為上師？當明覺和無明都消失在「究竟明覺」[171]中時。智是明覺，無智是無明，兩者都消融在「究竟明覺」之中。

問：我目前被卡在觀察身心的階段。

尼：在「能知」之中，夢境展現為客體性、物質性的外顯。這不是你，是有別於你的，它是客體的、物質性的。你所謂的「我在」和「出生」，也不是你，它是物質性的。假設我收養了一個穆斯林男孩，不是我親生的，但我現在說，他是「我的」孩子。就像這樣，這個「我在」並不是我，它是別的什麼，某種物質性的東西，像穆斯林這個外族一樣，我不是那樣的。我，究竟實相，與此無關。

大家有時會困惑，因為他們期待聽到一個基於他們概念的答案。你讓別人給你拿把勺子過來，他卻給了你一根針——兩樣都是文字，都是知識，但不是你要求的。你將會得到的，是真知，即便這並不是你現在所要求的。

問：我還達不到能夠聽明白的那個水準。

尼：無數的糧食，形成了無數種身形，但種子只有那麼一粒。這無數的身形，都是因為某一粒種子[172]而起，但我不是那個種子。

終極明覺[173]是沒有任何明覺的。「明覺—我在」自發出現了，這是身體引發的。如其本然地看著它，如其本然地瞭解它吧。

醒位離開後，睡位就開始了；睡位離開後，醒位就開始了。當兩者都離開後，我就在家了。它們為什麼會離我而去？因為它們都是外來的，它們不是我。

請接受這個忠告：最好不要被靈性知識這樁事給困住；好好度日，好好過活，為他人服務，在適當的時候，當時機成熟時，你就會死去。

問：就算您不說，無數的人已經在遵循這一忠告了。

我在，故覺在

一九八一年二月三日

尼薩迦達塔：我所闡述的真知，將把你作為個體的認同溶解殆盡，會把你轉變成昭然之明覺。昭昭然然的明覺，能知之力，是自由和不受限的。去抓住明覺，抑或放棄明覺，都是不可能的，因為你就是那個明覺，比虛空更為精妙。

你所是的這種昭昭然然的明覺，必須通過禪修才能赤裸出來；只是聽聞教言，是沒法獲得它的。

這種「能知」，難道不是先於其他所有體驗的嗎？這種「能知」，難道不是在某個基底[174]之上產生的嗎？醒位、睡位和存在感，除了存在於這三者之前的「那個」，還有誰會擁有這三種體驗呢？

正在與你交談的那個，是有時間限制的狀態，它暫時出現在我的原初狀態之上。因此，〔真正的〕你，和我，都可以毫無恐懼；只有這種不斷變化的、與身體相認同的狀態，才會有恐懼。

對死亡的恐懼，是在全然一體的運作中把身體當作了獨立個體之後，產生的懲罰。只有「出生」才害怕「死亡」。

「在」與「不在」是相互關聯的對立面，也只有在存在感升起之後，才會明白這點，在此之前，是感受不到「在」或「不在」的。

問：如果我們只是在智力上理解了，而還沒有證悟，會怎樣呢？

尼：即便是智力上的理解也有很大的好處，那就是你不會被對死亡的恐懼所束縛。「出生」並沒有給你什麼，「死亡」也不能從你身上奪走任何東西。

照世人的看法，我病得很嚴重；但我還是在繼續說法，像往常一樣，它對我沒有什麼影響。只有那個已經出生了的，才會消失，我又怎會受其影響呢？

你很幸運聽到我說的話。聽吧，但不要努力去弄明白，因為只有你的智力才會努力去理解，而智力是無法觸及「那個」的。你所聽到的東西，自會結果；不要干涉。

即使你產生了一些情緒，比如恐懼等等，也要明白，它們只屬於構成了身體和頭腦的那種化學元素。那是個暫時的狀態，你和它是毫無關係的。

很多人以靈修為名義，在身體上犯下大量的暴行，他們以為會因此而得到超凡的智慧——可是從哪裡、從什麼之中？他們能得到的是什麼呢？

我在，故覺在。

智者會拋棄這些體驗

一九八一年二月十七日

尼薩迦達塔：我既不是上師，也不是弟子。這全是五大元素的遊戲。身體只是一種生物層面的發育成長，像植物生長一樣，而我們為此洋洋自得，聲稱我是某某。但它只是一種自然生長，就像草木一樣。

問：那個能體驗的，是永恆的嗎？

尼：如果體驗者是永恆的，他就不會提出各種問題了，問這是什麼、那是什麼。如果他是永恆的，他應該早就對這個客觀世界瞭若指掌了。

問：我們怎樣才能找到自己註定要走的路？

尼：如果你很渴望證悟真我，你的渴求和能知之力會指引你走上正確的道路。

問：有時候，當我明白的時候，就會發生點什麼事情。我要麼變得緊繃起來，要麼就開始搖動頭或脖子，有時腦袋裡會出現噪音。我不明白這是怎麼回事，我應該忽視呢還是怎樣？

尼：別理它。這些都是好的徵兆。

問：有時候身體會生病。

尼：這不是疾病，這是五大元素之身的一種表達。

問：能靠念誦名號咒證悟嗎？

尼：許多聖人僅僅靠念誦名號咒就修到了最高的境界。無論你持誦什麼，都應該融入你之中，那是先於頭腦的。

問：有人說上師能給予力量和能量。

尼：是可以的。而我只是一直關注於我之真我。

問：出神、淨觀、三摩地，馬哈拉吉有過所有這些體驗嗎？

尼：我體驗過其中幾個，沒有體驗過所有。

問：為什麼有些人會經歷這些，而有些人卻不會？

尼：每個求道者都有其特色。根據求道者的特質，會有不同的體驗。有這麼多聖人證悟了真我，但他們的體驗都不同，因為各自的特質不同。羅摩和黑天的體驗就不同。智者會拋棄這些體驗，不會跟它有所瓜葛，不會念念不忘，也不會想要再次喚起這些體驗。

所能做的，只是去領悟

一九八一年二月十八日

問：若是已經認爲自己是身體，是獨立存在的個體，有誰能夠在某個階段做點什麼，來阻止這一認同嗎？

尼薩迦達塔：把自己繫在一個身體上，這就是這一切存在的特性。一個臆想出來的實體，怎麼可能把自己獨立分離出來呢？

問：這種想要獨立分離出來的渴望，也是自然的，是本性使然嗎？

尼：是的。這全是自然運作的一部分，是這場戲的一部分。整件事都是一個概念。所能做的，只是去領悟。

看看這件事有多矛盾啊！我的身體正在受苦，消息傳出去後，卻有更多人來到這裡，更多人從中受益。這些好處來得自動自發，我並沒有為你能得到那些好處而費心。

我的談話以及你的聆聽，都是整體運作的一部分。你認為這是一個個體在聆聽另外一個個體，並非如此。你聽到的是「遍在能知」，這不是說給靈性上還是幼兒程度的人聽的。

人類為個體在努力謀取利益。當這種自我認同被拋棄時，這些談話才能被接受。在無邊無際的水箱裡，你浸了一個小杯子進去，然後你說：「這就是我。」

人無論取得了怎樣的地位和成就，只有在他的名字和身體仍然存在時，這些才會繼續存在；一旦消失了，那個自認為取得了成就的個體，去哪裡了呢？如果深知這一點的話，世界上還有什麼會困擾你呢？

我談的這個，是原初的概念，是能知之力，在它出現之前，什麼也沒有。存在於這個原初概念中的任何東西，只有在能知之力存在的情況下才會繼續存在，如此一來，我們就回歸到了我們的原初本性。當能知之力向你展露無遺、並揭示出你的真實本性時，你就沒有身體了。沒有了身體，還會有形象嗎？

整個顯現就是一場幻覺，其本質，就是無常。

怎樣才能認出本來面目？

一九八一年二月二十二日

問：日常中我應該做什麼？我應該有什麼樣的想法或行爲，才能認出我的本來面目，並擁有內心的平靜？

尼薩迦達塔：一切的想法或行為，都是因為身心的認同而生，為了看到你的本來面目，必須拋棄對這個感知中心的認同。這不是可以刻意為之的，只能順其自然。不存在做什麼、不做什麼的問題，因為做為者不存在。

頭腦只能依靠名字、身形或形象來運作。如果你放棄了這些，頭腦就使不上力了。關於你的本來面目，我說得簡單明瞭，簡單到頭腦無法把捉的地步。

那個，一直都在。放棄了種種概念之後，剩下的，就是那個。看到顯現，大家就止步了。誰會越過顯現，去看清「有顯有相」和「無顯無相」並無二異，實為一體呢？

「有顯有相」被視為光明，「無顯無相」被視作黑暗，但實際上，它們是同一樣東西，是看到了兩者的「那個」。

對於放棄了自我認同的人來說，這很簡單。言語只能指向某樣東西。那個真實本性，既不像我也不像你，它甚至不知道它是什麼。只有當「能知」意識到它自己的時候，才能形成對事物的認知。而那個真實本性，先於任何認知。這其實很簡單。有些來到這裡的人，在他人眼中很有學問，但在我眼裡又是怎樣的呢？我看來他們只是徹底的愚昧無知。

問：爲什麼會有對黑暗的恐懼？

尼：你這問題毫不相干。去找源頭吧，沒有它，光明和黑暗都無法被認知。當我告訴你去尋找主體的時候，為什麼還要繼續談論客體呢？

問：我有時覺得自己是個好人，有時覺得是個壞人。

尼：只有認同了身體才會這樣，放棄這種認同吧。從現在起，我只會說出正確的立場是什麼，然後你必須自己去理解。我沒體力再繼續對話了。你聽到的一切，是不可能也不會被糟蹋掉的。

你不是概念，你先於概念

一九八一年二月二十三日

尼薩迦達塔：如果你真的瞭解了事實的核心，就不會產生疑問。只有在個體的角度，才會產生疑問。通常的疑問是：「我能做什麼？」這個問題中的「我」本身就是不真實的，那麼想知道點什麼的，又是誰呢？每一種顯現都是能知之力中的一個表象，由「能知」感受並認知到。一切的運作、感受，不過只是顯現而已。

問：我的頭腦太躁動了，以至於「能知」無法安住於「能知」。

尼：你沒有仔細聽我說的話。這些話沒有被你真的聽進心裡去。我告訴過你，「能知」一直都在，所有事情都發生在「能知」之中，所以就讓「能知」處在「能知」之中吧。

你為什麼認為自己是一個獨立的個體，試圖干涉它呢？一切，都只是能知之力而已。

問：我能問一下痛苦的意義嗎？

尼：現在你正在發展一個新的概念，就是痛苦的背後含有某種深意。這個概念本身會阻礙你。從你腦中冒出來的概念，怎麼可能給你帶來真知呢？你必須擺脫所有的概念。你，就是那個基礎、基底，是產生了所有概念的那個基底。你不是概念，你先於概念。你必須堅信這一點。

問：我是否要壓制這些概念？

尼：別去管它們。你會看到概念冒出來並消失。你和概念是分離的，不要去認同。

問：我沒能力做到這一點。

尼：如果你不存在，概念能在哪裡？如果你不存在，無明或明覺又在哪裡？「我在」，這個最初的概念，抓住了身體，並當作它自己，於是，一切麻煩隨之而來。你不是這個概念，你能確信這一點嗎？

沒有什麼會永遠與你同在

一九八一年二月二十八日

尼薩迦達塔：當身體成形時，你不帶任何資訊。之後，你從外部收集資訊，在此基礎上，你引以為傲，以此待人處世。可是從一開始時，你帶著任何資訊嗎？

問：沒有，那時我什麼資訊都沒有。

尼：如果你不帶資訊，那麼誰是這一切的顧客呢？你最原初帶來的資訊是：你從「你在」自動萌生，那就是你原初的本錢，而後續的鬧劇都是因那最初的資訊而起，可不是？

問：是這樣的，是的。

尼：要的只是本然存在、自然如是，你知道這是什麼意思嗎？

問：我不太明白。

尼：這不能用語言來理解。無論你從語言中得出什麼樣的知識，都只是無知。本然存在不是用來理解的，它如是而已。

問：它只是一種感覺。

尼：誰知道「能知」呢？

問：「能知」知道它自己。

尼：「能知」瞭解「能知」。這樣子下去，你是無法解脫的。你必須自問：「誰知道這個『本然存在』？」如果我是在某個特定的時間點才知道我在的，那就意味著在此之前，我是不知道我在的。本來沒有意識到自身存在的「那個」，在「能知」出現時，開始意識到自己的存在，而「能知」只是肉身的特色，肉身是物質構成的，因此不能永久。

問：在究竟實相中沒有覺知嗎？

尼：所有的覺知不脫五種感官和語言的範圍。醒位、沉睡位、「明覺—我在」，假設這三種狀態不存在，那你是什麼？

問：只是「知」，「能知」？

尼：這種「知」，這種「能知」，會持續不斷、永遠與你同在嗎？

問：不會。

尼：那就放掉吧。你為什麼要依賴那些不會永遠與你同在的東西呢？我們所有的經文都說，只有超梵才是真相，其他都不是，而你就是永恆的「那個」。

問：那麼，我爲什麼會把自己從「那個」當中分離出去了？

尼：當別無一物，只有「那個」獨存遍在的時候，你怎麼可能與之分離呢？

問：雅內釋瓦[175]爲一位活了一千四百年的聖人寫了一首詩，其中一句是：「明覺之所見，轉而變微弱。」這是什麼意思？

尼：在究竟層面，「能知」之見也會消退，因為明覺和無明都是在能知之力的領域之內。

問：可是您說的話，我一個字都不想漏掉。

尼：你還要繼續執著在文字和文字的意義上多久呢？還要多久？

問：只要有「我在」，文字就是有用的。

尼：這個「我在」也是一個概念，不是嗎？你也想抓著這個概念不放。這個「我在」不會一直與你同在，當它離開時，跟「我在」有關的一切也都會消失。在這種情況下，努力獲得或吸收知識又有什麼用呢？

一言難盡。我已經看穿了為什麼自己是虛假的。沒有了「我在」的那個狀態是什麼，我見過，或者說正親眼目睹，因此我沒什麼損失。在那個狀態中，沒有「看」或「體驗」這回事，但為了溝通，我們不得不借用這些詞彙。

這些人都很了不起，充滿智慧，博學多聞，但我如何看待他們呢？他們跟我沒兩樣。這一位是法律界的泰斗，也是梵文學者，有了這兩方面的專長，他就想要用他自己的語言來描述超梵。他很擅長這個，但又能獲得什麼呢？

問：認識到我的眞正狀態是離於概念的，這本身就是收穫。

尼：你這是站在「我在」的概念上，想用另一個概念來描繪這個概念。

問：這個法庭眞是與眾不同，律師竟然被拖進了被告席[176]。

「觀者」也只是夢中人

一九八一年三月一日

問：每個人都有的這個「我在」，與「能知」是同一回事嗎？

尼：除了這種「能知」和「我在」之外，還有什麼可以宣稱「我存在」嗎？

要明白，這個「我」在不同的層次上沒有區別。作為究竟實相，在顯現「我」時，需要一個形體。究竟實相的「我」，變成了有形有相的「我」，而在顯現的「我」之中，「能知」則是一切事物的源頭。在顯現的狀態中，它是帶著「能知」的究竟實相。

你可能覺得自己是能知之力了，但你還是當自己是個體，想要得到些什麼，哪怕是靈性真知。身體只是能知之力顯現的工具；它沒有個別獨立的身分。

你如此珍愛的這副身體有其壽命，而這個「能知」也依賴肉身，也有其時限。命氣是保持身體活動的活性因素；能知之力則是惰性因素。命氣會在一定的時間之後，離開身體，留下軀殼；「能知」也會離開身體，與「遍在能知」融合，這是正常的過程。而在這過程中，你認為自己是什麼呢？這僅僅是一種運作過程，沒有什麼單獨的實體存在。事實上，我們的本來面目，每個人都是知道的，這一點毫無疑問。但因為把自己視為身體，把自己當作了一個個體，於是本來是再熟悉不過的「那個」，正被我們忘卻。

聽我的談話可能會給你一種暫時的平靜和愉悅之感，但只要你認為自己是一個獨立的實體，需要得到靈性上的救贖，那麼這一切就都是徒然。

沒有個體可以從這樣的聆聽中獲益。究竟什麼是「出生」？「出生」只不過就是醒位、深睡和性交；如果把性交去掉，那就了無生趣了。性交不能填飽你的肚子，不能提供食物，但卻是不可少的。

整個顯現的本質就是一場夢，是海市蜃樓，這一點很容易理解，但你把其餘的顯現看成是海市蜃樓，而不願意放下觀看外境的「觀者」。其實「觀者」也在海市蜃樓的一隅。

「我在」就是連續的當下

一九八一年三月六日

尼薩迦達塔：你有什麼問題，我都會儘量回答。現在這一刻，在當前這種情況下，是非常特殊的時刻。如果你不想說話，就不必說，你可以就那麼坐著。在現在這時候，僅僅坐在這裡就會有很大的好處。現在……這病是吉兆，給人帶來讓人意想不到的好處……根本想不到。現在這一刻，這種「我在」之感，只是一個針孔[177]，只是那麼一觸。

如果你明白我所說的話，就沒必要再來見我了。我告訴你們的東西，不是讓你去花時間加以琢磨或深思的，是需要當下立即就去領悟的東西。

你在其他地方遇到過以這種方式，在寧靜中闡述真知嗎？

問：在拉瑪那道場，那裡每個人也都是靜默的。

尼：你在拉瑪那尊者身邊待了多久？

問：只是很短的時間。我何德何能，能如此幸運地找到了馬哈拉吉您啊？

尼：你前世做過好事。要不是因為你已經準備好了，你不會到訪這裡。只有那些罕見的幸運兒，才會來到這裡聽開示。

問：我當前體驗到暖意[178]、看到光……這些體驗讓我很害怕。

尼：不要擔心體驗，試著去安住在體驗者上。這些覺受是你進步的良好標誌，但不要停留在體驗的層次上。

問：我通常會覺得自己是這個或那個，但現在我正在失去這種感覺。我感覺更超脫了，對這個世界不感興趣了。在擺脫這些觀念之時，我體會到死亡和恐懼的感覺。

尼：是的，這種情況會繼續下去的。只要你還在，這種事情就一定會發生。你必須超越「我在」。如果你夠警覺，把注意力集中在當下，「我在」就是連續的當下，你要超越「我在」。

上師是求道整個過程的支柱

一九八一年三月八日

問：我們能藉由「能知」瞭解我們的眞實本性嗎？我們能體會到它嗎？

尼薩迦達塔：還有其他什麼工具可以讓你瞭解你的真實本性嗎？凡是能被一切人感知到的東西，自然就被一切人感知著。想要體會到它的是誰？如果你當自己是一個獨立的個體，想知道「那個」、想知道究竟實相是什麼，你是做不到的，因為你就是究竟實相。

證得了三摩地的人，他去哪裡了呢？求道者本身消失不見了。

問：如果求道者是一個概念，那麼上師也是一個概念。

尼：是的，但上師是求道整個過程的支柱。只要還有語言，就會有求道者；當語言消失，就什麼也沒有了。

我體驗過所有四種語音類型[179]，並超越了它們。很少有人遵循這個次第來穩定於「能知」之中，並超越「能知」。從詞語層開始，通常在這一層我們能聽到語言；從詞語層往前，是表達層；觀察心念的時候，我們是在初期層，那裡是概念形成的地方，從那裡到達超越層（離言之「我在」），而最後，是從超越層到達「能知」之前的那個階段。應該去遵循這條路線，但只有極少數的人做到了，這樣退回去、返回去。

問：深度睡眠和「我在」之前的狀態是一樣的嗎？

尼：概念上，它們是同一回事。當你成為「那個」之後，就沒有去知道的那個人了。不僅如此，任何結束的行為，無論是由你還是我完成的，最初都是在這種深度睡眠的狀態下完成的。在睡眠中，你會做夢，當前的這種清醒狀態，是主要的夢；睡眠狀態時的夢，是次要的夢，它由主夢變化而來。在這種「能知」狀態中，在主夢中，創造了整個宇宙，而當意識到這是一場夢時，你就醒了。兩種夢都是「能知」。

問：那演員無法知道自己在做夢嗎？

尼：幻相就是這麼奇妙，它的核心之處就在於此。要明白，無論是什麼夢，其基礎都是「能知」。

靈修的終點

一九八一年三月九日

尼薩迦達塔：當「能知」本身消失的時候，你所擁有的由頭腦造成的實體感，會怎麼樣呢？有人知道自己死了嗎？說他死了的，只是其他人。

如果「能知」和頭腦是終極真理，那麼所有那些生生滅滅的無數生靈早就認識到自己的本來面目。

在這個國度，在這一生中，你獲得了一些東西，但這片土地上有條法則，得到的東西，一律不能帶出這個國家。你獲得的一切都是靠了你的「能知」，但生命之國的法則是，什麼都帶不走，一旦「能知」消失，一切都消失了。

人在世間是怎麼做事的？他忘了真正起作用的那個是什麼。他忘記了身體只是能知之力運作的工具。他認為自己是一個實體，一輩子都在努力工作，想成功。這背後都是「我」和「我的」之感在作祟。各種生命，生生滅滅，周而復始，這是整體運作的一部分。

問：如果個體不能實現任何目標的，那麼修行的目的又何在？

尼：需要明白的是，一切在運作著的，都是能知之力，沒有個體參與其中。

問：那麼領悟又有什麼用呢？

尼：對任何假立的個體來說，什麼好處都沒有。甚至不應該覺得從領悟中會得到絲毫好處。你就是領悟。利益誰呢？了悟這一點的「那個」，是無形無相的。

身體由五大元素所構成，時間一到，就會被摧毀。即使你活了幾百年，也沒有益處。「這一切我都心知肚明，可是我還是預備了足夠的資金，要為自己造一間新公寓。」這看似矛盾，但只要你把一切看成整體運作的一部分，就不會有矛盾了。對一般人來說，這看上去合理嗎？

問：馬哈拉吉能不能告訴我們，如何分辨並遠離各種陷阱，避免掉進去？

尼：最好找些壯漢來，把五大元素分割為微小的顆粒，這樣你就可以遠離陷阱了。一切只是一。「能知」本身就是陷阱。

把你其他的問題都忘掉吧，只要專注於能知之力的源頭，是靠了它，其他的一切才存在的。這個身體是如何出現的，在它裡面，這個潛在的能知之力是如何出現的？把這個的源頭找到。

問：馬哈拉吉把我們帶回根本。

尼：我把你扔到根部，把你埋在那裡，你被埋的那個地方，沒有一物可以被覺知，因為在那個狀態之中，「能知」是不存在的。一旦清楚地領悟到這一點，只要身體還在，日子就還得過下去，但只是打發時光而已。

你應該明白我的談話是站在什麼立場之上；如果你明白，那就接受；不明白，那就算了。世界上沒有人會跟你這麼直截了當。當你真正直覺明白了我的話，你就走到了靈修的終點。

堅定信心就是實修

一九八一年三月十日

問：爲什麼自我認同似乎是不斷變化的？

尼薩迦達塔：在「能知」中，對個體的自我認同會不斷變化，但是一旦個體身分消失了，就有可能一直留在整體顯現中。

問：當「能知」存在的情況下，我能抵達究竟實相的狀態嗎？

尼：在究竟實相中，是沒有能知能覺的個體的，所以只要「能知」存在，就不可能到達那個狀態。

問：但是我以爲馬哈拉吉說過……

尼：那種狀態是明覺消融在明覺中，明覺已經不再意識到它自己了。必須要有個工具。「能知」就是工具，在「能知」中，「能知」會意識到它自己，但在「能知」升起之前的那個狀態中，有誰存在、又靠什麼工具來覺知呢？

在無染著的狀態下，也不存在限制。以虛空為例。在虛空中有黑暗與光明，無論黑暗或光明存在與否，虛空一直在那裡；同理，在「能知」之前的狀態也一直都在，當下就在。它是一切的基礎。智者儘管有身體和頭腦，但仍然安住於這種虛空的狀態中。

問：那麼什麼是實修？只是禪修嗎？

尼：你必須要擁有這種確信：你是無形無相的；不要只是依賴禪修。至始至終確信你是無形的、自由的、不受限的。你必須不斷地錘煉這一點，那就是實修。

問：我以前多次長期與身心脫節。當我看到身體在行爲，而我超然於外時，我不明白這是怎麼回事。

尼：這有什麼問題嗎？你必須堅定信心；那種信心就是實修。那種信心不僅是確信「我在」，而且確信我是超越「我在」的。

你知道你在，無需語言。如是而已。你無需思考或想像什麼。在你能想到什麼東西之前，你一定存在了。你必然已經在了，才能去禪修。你早上剛剛醒來時，從深度睡眠中出來，剛進入清醒狀態時，在那一刻，你僅僅知道你在。之後你才認為我是某某，等等。

問：在禪修中，我會聽到聲音並看到異象。

尼：要聽到點什麼，你必須存在。那種境界是很神聖，但更重要的是安住在你的真我。

問：總是怕怕的。

尼：恐懼是因為無知。這聲音不是外來的，是你「能知」的顯現。真我若沒有散發光輝，就沒有神的光輝顯現。要能看到神，你必須已經存在了。瞭解「知者」是困難的，這就像要瞭解整個城鎮一樣，它不是個體的，它是整體的顯現。

當你是那種昭昭靈靈的能知之力的狀態時，就像……一種深藍色的狀態，你處於那個同一無別的深藍色狀態中。這是「本然存在」的第一步。從那深藍色、自輝自耀、同一無別的狀態進入到「不知」的狀態，那才是你的本來面目。這是一個「不知」的狀態，一個完整的、圓滿的、完美的狀態。而「知」的狀態中，一切都是不完美的，永遠都不會圓滿，這就是為什麼你想要的越來越多。儘管豐富多彩，但「知」的狀態並不圓滿。

問：死亡會有什麼影響？

尼：對於那些看到有亡者離世的人來說才有影響。對亡者本人沒有影響，他不知道他已經死了、離開了。身體是由食物形成的，真正的你不在身體裡。

可以說的有很多，但我說什麼，你都無法接受。比如，我說如果你不存在，梵就不存在，你聽得懂嗎？因為你認同了身體，所以你這麼執著於死亡；因為你罣礙著死亡，所以你一定會死。但如果你是真我，那麼就沒有死亡這回事。

最快的方法

一九八一年三月十一日

問：讀了那本記錄馬哈拉吉教言的書，我感受到進退無礙，非常喜悅，我想我體驗到了活生生的眞理。

尼薩迦達塔：那個能體驗這些的，是什麼？它是一種存在感。

問：我讀過很多書，但這本書給了全新的啓示，是一種新的體驗。爲什麼從其他書中我從未獲得過這樣的體驗呢？

尼：我不會接受你的恭維。你的問題來自於身心的層面，你也只會接受來自同一層面的答案。你現在就是騎在「身體認同」的這匹馬上。

問：我想知道爲什麼通過讀您的書我會得到這樣的體驗，而讀其他書則不會。

尼：我對你的體驗不感興趣，我只對你感興趣。說者和聽者是一體的。來這裡的人，大多數可以說是類似於飽餐之後的狀態：他們吃飽了，現在則像牛一樣，反芻咀嚼著，不想再多吃其他食物了。這就是為什麼不再有人提問了。如果沒有像你這樣的人來訪、來提問的話，就不會有人提問。

你來這裡是為了尋求真知，而你就是真知。

問：達克希那穆提[180]在沉默中教導著他的弟子。

尼：絞死達克希那穆提吧！這都是道聽塗說，是你讀來的或聽來的。你自己的體驗呢？現在我在這裡，你在這裡，好好提問吧。

問：爲什麼有些人英年早逝，而另一些人卻長命百歲呢？

尼：如果沒有「能知」或小我，還會有生死嗎？當你說英年早逝或長命百歲，你說的是那些出生了的人，實際上，真我憑什麼要知道呢？太陽知道什麼時候日出日落嗎？首先要去明白，被生了出來的是什麼，然後謎團才會解開。

問：被生出來的是身體，而真我是無生的。

尼：如果真我不在，身體能被生出來嗎？你是怎麼理解「出生」這個詞的？你出生了嗎？

問：只要我們認同身體，我們就出生了。

尼：我只對能知之力談論能知之力，一般人是不會明白的。

問：要怎樣才能明白呢？該怎麼做？最快的方法是什麼？

尼：領悟並安住在那個真實本性中，這就是要做的。除了這種存在感之外，沒有其他的神，而我就是這種存在感。領悟這一點，對此堅信不疑，就是最快的方法。要領悟沒有自他之別的那個最初狀態，那就是真知，那就是我的真實本性。無數的化身來來去去，但那個虛空一直在那裡。

問：人如何克服根本的無明？

尼：知道有無明這種東西存在的那個，是什麼？

問：是明覺知道。

尼：要明白你就是那個明覺，忘掉無明吧。當天籟之音傳入耳朵時，當婀娜的舞女翩翩起舞時，如果這一切都觸動不了他，那他要麼是個智者，要麼是頭驢子。這房間裡坐著的，都是這樣的人，任憑東西再美妙，他們也不會為之所動。

我所處的狀態是沒有任何「存在」或「不存在」的概念的。你也處於那種狀態，但你不知道。

我的「能知」不太靈光了，現在無法把任何人認作是個體、個人。如果你想坐下來，歡迎；你想離開的話，隨時都可以走。

太陽不會只為個體而發光

一九八一年三月十四日

問：靠了馬哈拉吉的恩典，我發現現在我的眼睛能看見，我的耳朵能聽見。

尼薩迦達塔：眼睛所看見的，耳朵所聽見的，只是虛假的。兩者都會消失。你是見證著的「那個」。

普通的印度教徒所理解和實踐的靈修，是用容器把河水舀出來，然後運到神像前，倒在神像上。一些神像被樹立在很高的地方，必須爬五百多級臺階才到得了。這被認為可以積累巨大的功德。在貝拿勒斯[181]，他們用黃銅水罐從恒河中舀出水來，一路向南行，把水帶到南印度，到達羅摩濕瓦拉姆[182]，倒在神像上。然後，他們又會把羅摩濕瓦拉姆的海水一路帶回貝拿勒斯，倒在那裡的神像頭上。這就是他們對於解脫的看法：把水從一個地方運到另一個地方。這種見解當真讓人勞心費力！

問：我們在馬哈拉吉腳邊聽到的，是歷久彌新的東西。

尼：我告訴你的事情絕無新舊之說，它是不變的，是永恆的。

種種概念產生於這種「能知」之中，而「能知」本身就是一個概念，只要「能知」仍然存在，其他概念就會繼續升起。無相的究竟實相，才是真實。對於究竟實相，無論我們怎麼琢磨，都只會是一個概念，直到「能知」終結後，我們才會處於究竟實相。

人得到了點什麼，就想要守護住，但你能守護住多久呢？頂多直到你睡熟為止。你有一個你所熱衷的觀點，一整天都緊抓著不放；在深度睡眠中，這個觀點又在哪裡呢？

問：如果馬哈拉吉不抱有個體性，又是如何跟我們交談的呢？

尼：太陽不會只為個體而發光。這些話自動從「能知」中湧出，只是整體運作的一部分。體驗五花八門，有些你喜歡的，你就把它留在記憶中加以呵護，這本身就是苦。你所有的體驗都是整體運作的一部分，是自發產生的。

言語之中並無實質

一九八一年三月十五日

尼薩迦達塔：我沒興趣聚集更多的徒眾來聽我開示，因為這不是什麼有形有相的東西，我沒法這樣傳授給你。克里希那穆提[183]在說，我也在說，言語中沒有實質內容。你現在把談話錄下來、寫下來，但總之，這其中並無實質。

一旦意識到這只是昭昭靈靈的能知之力的整體運作，其中並沒有具個體性的實體存在，那就不會有解脫、生死的問題了，也不存在有個「做為者」在做事。

通常，傳授真知是在靈修的名義下進行的。真知處於五大元素的範圍內，只要「明覺—我在」存在，談及真知時，要麼說是真實、要麼說是不真實，這就是「明覺—我在」的產物。

能見證著「明覺—我在」，這樣的狀態就是智者的狀態。在這個智者的狀態中（這是一種沒有狀態的狀態），沒有「我在」之感，它不是明覺，明覺意味著「我在」。設想一下，沒有念頭，時間停止了，但虛空還在。無念的狀態類似於虛空，像虛空一樣。我是旁觀者，無念的狀態就在那裡，那就是真我、「我在」、「本然」。因為「本然」如是而在，離於一切染污，連同念頭在內，時間也消失了，只有虛空和「本然」存在著。當這種狀態結束時，那才是究竟實相，某種像糖一樣甜美的狀態。

你現在只是在玩弄文字和文字的含義，你沒有去到湧現出文字的根源。沒有人直截根源；他們被景象迷住了。當身心這個支撐垮掉的時候，那時，你會是什麼樣子？

我所處的狀態超越了苦樂。有人說，了悟真知之後，虔信依然繼續存在，但實際上已經沒有個體了，其實也不再有虔信與否的問題了：信誰呢？然而，他們說虔信依然會在，可能是為了引導其他求道者。

存在感是個謊言

一九八一年三月十六日

尼薩迦達塔：即便是在最偉大的聖者身上，對本來面目也不會一直那麼清晰，會有一些懷疑，所以這種「我是什麼」的參問，必須深入到所有層面中，每一層面都不能漏。這種參問的價值和意義在於，除了你自己，沒有人能給出答案。每個人，作為「我」，都必須找出這個「我」是什麼。要描述這種能知之力的話，只能說它如虛空一樣精微、精妙。成熟之時，你的能知之力就是神。

而最初的狀態，在「能知」產生之前，是無法被描述的，你只能是「那個」。

我一直在重複，不管你聽到了什麼，最終都毫無意義，因為我所是的那個，也就是你的本來面目。

人所採取的行為，都取決於他是怎麼看待自己的，而這種自我形象只有在「能知」還在的情況下才會存在。這一點你明白嗎？

大家帶著特定的觀念來到這裡；我在他們面前舉起鏡子，告訴他們其實他們是影像，最終他們意識到自己只是影像，什麼都不是，當「能知」離開時，他們會到達最初的狀態，在「身體—意識」升起之前就存在的那個。在那個最初的狀態中，不存在體驗，即便在此刻，自以為擁有的體驗，全都只是概念而已。

在能知之力升起之前的那種狀態中，不存在「我是誰」的參問，因為連那個想知道答案的人都不存在。這個問題只在「能知」中產生；「能知」中的任何事情都只是概念，因此它也必然是假的。

數億人中，為什麼只有一部分人來到這裡？這一定是因為能知之力中產生了這種探究，它就把人帶到這裡來了。

問：「我在」是一個概念還是唯一實相？

尼：「我在」只是兩個字而已。有人能一直把這個「我在」揣在口袋裡嗎？

問：「我在」，但卻離言絕相？

尼：是的。如果有人覺得這個「我在」是有覺知的，他會願意成為這個「我在」嗎？不，他會說：「我不想要這種『能知』。」

問：我明白。

尼：你是不真實的。你知道你在，那也是不真實的。這種存在感是個謊言，像一場夢。

問：這個「我在」怎麼會是痛苦的根源呢？

尼：試著找出快樂和痛苦這些概念是什麼時候升起的。在我有了這個「能知」之前，它們並不存在。

每個人都喜歡這種存在感，並希望它能一直持續下去，但他們不會深入到更早之前，找出是誰的狂喜創造了這種存在感。由於某種肉體上的歡愉，持續一瞬間而已，就是這樣，那一小滴能知之力就產生了，整個宇宙都蘊含在其中。

問：我不覺得「我在」是痛苦的，我覺得一切都很好。這是不是說明我不願直面痛苦呢？

尼：你什麼也做不了。既來之，則安之，不是嗎？無論是受苦還是享樂，你都無法選擇。

儘管如此，體驗還是會有的。你可能沒有捲入到體驗中，但是只要有「我在」，就會有各種體驗。這種「能知」的神奇和美妙之處就在於，它不僅隱藏了它是一切痛苦的根源的事實，而且還把自己裝扮成為了一切幸福之源。

一切都潛藏在這顆種子裡

一九八一年三月十七日

問：馬哈拉吉所說的種子身[184]是什麼意思？

尼薩迦達塔：它是種子，「化學要素」[185]，是五大元素精華的產物，是它產生並維持著「我在」這一「能知」。如同一顆樹的種子一樣，未來這棵樹所有的顯現和表達，都潛藏在這顆種子裡，都是從這粒種子中萌生而出。拿鋼筆在紙上點一滴墨水，這一滴就是種子身。這滴墨水代表的就是受孕的那一刻；展現出無念的狀態，就像虛空一樣，屬於「知」的狀態。這個「知」的特性，宛如虛空。沒有概念，但以物質、有形的方式展現。試想一下，它極其微小，但展現出來卻是無比宏大。

這些話，外國人能聽懂。印度人來這裡，也會聽這些談話，但他們還是很迷戀與身體有關的事。

在種子身的層次上，當你崇拜你的上師時，你就是上師的展現，各方面都是。在這一層次上，你會體驗到各種事情，但是一切都出自於你，是從你對上師的愛以及虔敬中流出的。最終，隨著你的進化，所有這些展現都會融入你之中。這非常重要，這就是虔敬，或者說「虔敬道」的頂點。

那個種子身，那小小一滴，也就是「明覺—我在」。我們所看到的世界萬象，就是從一微毫的能知之力中展現出來的。正如甜味是糖的特性，這一微毫的能知之力就是那滴種子身的特性。而父母是種子身的來源，僅僅是形成受精卵的一個契機。你真正的狀態，在身體和「能知」出現之前就在了，現在也在，身體和「能知」消失之後仍然會在。我這麼說，有人或許會質疑。

我從未懷疑過你是什麼或你是誰，因為我瞭解我的真實狀態：我是的那個，我知道你也是。

會有一些人把這種啟示傳播開來，但會是外國人，而不是印度人。將來某一天，有人會問：「以前真的有過這麼一個人，用這種方式傳授真知嗎？」

沒人能永遠保持自己的個體性

一九八一年三月十八日

尼薩迦達塔：在上師與虔信者之間，是沒有二元性的。在「那個」之中，不存在二元性，從來不曾有過二元性。*Bhakta* 一詞的意思是虔敬，但實際上它表示一體、獨一、一。

問：虔敬的火焰照亮了我的道路。

尼：說火焰的人是誰？當我們談話時，我們所談的不是一個人，而是那個活活潑潑、昭昭靈靈的「我在」之火。

問：那是無法被熄滅的。

尼：誰說的？

問：我是這樣相信的。

尼：因為這是你的信念，對嗎？

問：我拿不出什麼證據來。

尼：你這是在逃避。誰說要證據了？只要有信心，無論崇拜虔信的是什麼，都能證得。你在修行方面的毛病是，你只學關於神的知識，這種知識只對個體有用，你收集的就只是這種知識。如今身而為人、獨立個體，這只是你情感或情緒上的一個過渡階段，沒有人能夠永遠保持自己的個體性或身分。那個「主人公」[186]不是一個個體。我不再講解靈修方面的話題了。我話都不太說了，但你們仍然被吸引來這裡，為什麼？我就這樣欠下了一屁股債。在這筆買賣中，除了欠下這些債之外，我什麼好處也沒得到。

你知道這個個體是由什麼構成的嗎？除非你完全瞭解了這點，否則你是無法超越的。

問：那我的欲望和需求呢？

尼：你需要的，是你的真我。

問：我的欲望和粗重物質之間有什麼關係嗎？

尼：大有關係。因為五大元素的互相作用和展現，才有這個「食物之身」，而此身的香氣和滋味就是「明覺—我在」。現在去找找你住在這個「食物之身」中的蛛絲馬跡吧。

問：禁食能幫我找到眞我嗎？

尼：完全沒用。那個「我在」恰恰正是食物的表達[187]。假設你想找到甜味，甜味是糖的特質，如果你不去吃糖，哪裡去找甜味？

問：那麼，爲了要嘗到這種「滋味」，我總要向外尋求、去獲取食物嗎？

尼：你能從內得到食物嗎？供給是外來的。

問：一直以來，我被教導去相信存在感並不依賴身體，這是靈修的精要，而現在您告訴我的，卻恰恰相反！

尼：所以說，要去解開這個謎團本身。世界存在於何處？它存在於這一微毫的能知之力之中，而只有有了食物，這種「能知」才能存在。

無論你是出世入世，你只是在玩弄一個概念。要找出是否真的有「個體」這麼個東西存在。好好想想。

如果體驗享受起來很輕鬆，能讓你高興，你就稱它為幸福，反之，你就稱它為痛苦。

這種你存在的感覺，是什麼導致了它的產生？好好想想。

問：一切的發生都因爲「我在」。

尼：你能一直保持著這種領悟嗎？

問：只能保持片刻，過一會兒，身分認同就回來了。

尼：一切的發生都是由於「我在」。要讓這種領悟穩定下來，得經歷一個漫長的過程。告訴我，你會在印度待多久？

問：我只能再待幾天。

尼：一旦安住在「我在」之中，那麼身在何處就不重要了。「我在」就像虛空，既不來也不去；這就好像你把大樓的牆壁拆掉之後，剩下的就只有虛空。

為什麼世上有這麼多痛苦和不幸？

一九八一年三月二十日

尼薩迦達塔：我的個人性或者說個體性，已被拋到風中，不復存在。你們眼前所見的是杜卡·薄伽梵[188]，眾苦之神。薄伽梵就是這整個顯現，但只有苦痛。它不參與思想或活動，只是顯現。我是整體的運作，此刻無論運作著什麼都有一定的意義，那是因為我在。

能知之力正忍受苦，有它我才能說話。這種體驗很少人有。什麼都別問，聽就好。

這個能知之力，這個顯現，這個運作，無形、無相，也無色。

問：馬哈拉吉能再解釋一下杜卡·薄伽梵嗎？

尼：杜卡的意思是痛苦、受苦、煩惱。薄伽梵不僅僅有「神」的意思，還象徵著爆炸，一種閃光……爆炸性的一閃……一種世界的覺知，「我在」隨之顯現。

煙火爆炸時，會發出一聲巨響，一道閃光，照亮四周。「我在」也很像爆炸，像變魔術般，世界被變出來，但能知之力，即「我在」，引發的是匱乏與不足，從而產生了痛苦、悲哀等等，並且牢牢地抓著身心不放。這是從完美到不完美，從「無存在」到「存在」。如果反轉過來，從身心到「本然存在」，再到究竟實相，那麼，「能知」的狀態就是神的狀態。

問：爲什麼這個世界上有這麼多的痛苦和不幸？

尼：因為你一直在尋找幸福。福禍相倚。如果你沒有不幸，又怎麼能認出幸福呢？

你們遷移到了東方

一九八一年三月二十三日

尼薩迦達塔：我所是的「那個」，不在肉眼可見之處。假如你認為自己是人，認真把我的教導納入這個概念的話，那是行不通的。儘管我說的話，你們全聽到了，但大多數人還是會繼續把身體當成自己，而且你們把我也看成是一個個體，但我其實不是。你所看到的整個現象界不存在時，那就是我的本來面目。

我的睡眠跟你們的不一樣，它是「純粹的能知」。當我睡覺的時候，覺察著整個顯現以及「未顯」。個體和整個宇宙之間，沒有區別。

你以為我病了，但那是因為你把我認作是身體。這個病，在我看來相當殊勝，只要以肉體形式存在的個體還在，這種狀態就會出現在稀有之人的皮囊之上，但它的價值是無以言表的。這一狀態充滿了痛苦，然而，卻意義非凡，它只發生在稀有之人身上。

「人是什麼」這問題，只會在與其他現象對比後，才會出現在顯現中。我的境界是沒有現象存在的；我的存在是在顯現之前。不存在「我是誰」以及「我是什麼」的問題。

問：馬哈拉吉先前提到的那個沒有現象的狀態，能再重複一遍嗎？

尼：話一說出口，就消逝了。正確的聆聽方式，是關注能揭示你本來面目的那些話，其他就不要管了。你證得的本來面目，是在語言產生之前的狀態。語言無法觸及「那個」。

由於能知之力，其他一切才存在。它本身僅是「真實的那個」所投射出來的光，是「真實的那個」的反射。一般自認的求道者，只是崇拜各種概念，而非自身真實的存在。

問：馬哈拉吉能否多談一談在「能知」之前的那個狀態？

尼：這有意義嗎？你對那個狀態的想法都只是概念。只有在「能知」存在著的情況下，你的這些概念才會得以持續存在。

唯一存在的，只有體驗者。體驗者不受任何體驗的染污，即便是「不變常在」這一體驗也染污不了。

我不是什麼大人物，為什麼敢這樣說話？因為我知道，沒有任何體驗能一直跟著我。像我這樣直言不諱的，你不會再遇到了。從出生到死亡，大家都在關注期間的各種體驗，但沒人想過體驗之前的那個狀態。一個洞徹「能知」的人，不會把任何體驗當真。

問：我想放棄身體認同，我想找出我是誰。我該怎麼做？

尼：如果你沒有「明覺—我在」，誰會去尋找？你必須在，只有這樣才能開始尋找。記住「明覺—我在」，唯有它遍及一切。放下其他的一切，只要去成為那個。

問：當我去想「我在」的時候，馬上就會出現各種雜念，想的都是自己的事。我知道那是從頭腦裡冒出來的。

尼：在你思考之前，你就在了。運動發生在虛空之中，要有外顯或運動，虛空必須先在。「我是誰」這個問題是沒有答案的，但你可以隨興自己高興回答，隨自己高興去命名或稱呼。

對於聽到和讀到的東西，大家並沒有思索其本意，只是模仿重複，像鸚鵡一樣。

我非常反對大家只是鸚鵡學舌地唱誦拜讚歌。有多少人理解拜讚儀式中所唱誦的詩句的含義呢？太陽和月亮都只是「我在」這一基礎的投影而已。

靈性是敞開的，同時也是深奧難解的謎題。因為你在，所有的世界、整個宇宙才在；這是你的投影。

如果你想知道你是什麼，拜讚歌中已經給出了所有答案。如果你閉上眼睛，渾然忘我，半睡半醒，那就正是你。但如果你想瞟上一眼，你首先看到的景象是那個深藍的虛空，那殊妙的聖容，絕美的形象。我經常解釋這一點，但很少有人能領會我的意思。

以前唱拜讚歌，我會高聲強調某些詩句，但沒有人知道我在幹嘛。我會去強調，是為了讓大家更深入瞭解其中的含義，但他們只是唱得更大聲！我不僅大聲強調一些句子，還經常重複。我高唱這些詩句：「你就是那一毫之能知之力，創造了整個宇宙。」我會全心投入拜讚歌的唱誦，因為它提供了所有的靈性養料。每當我突然領悟到其中某句話的深義，就在房裡手舞足蹈起來。像我現在就激動得要高歌跳舞，但是體力上不允許了。

從那以後，我從沒去拜見過哪位智者或聖人。不過倒是有許多智者聖人來訪，只可惜還沒有遇到有誰把日月星辰當作自身展現的，這樣的聖人我從未遇到過。

問：雖然我不懂馬拉地語，但我憑直覺感受到了拜讚歌裡的深刻含義。

尼：這裡很多人都會唱誦拜讚歌，但他們不能領會深層的含義。許多外國人倒是能夠體會到其中的深義。你們外國人有這方面的優勢，因為所有對此感興趣的人，在前世都是羅摩麾下的戰士，是偉大的化身羅摩的追隨者，所以你們在那時候已經受到加持。後來，你們遷移到了東方。現在這個地方，對你們比對印度人更像是自己家。

外國人認得我，但這條街上的人不認識我，因為偉大的羅摩已經祝福了他所有的軍隊與追隨者。

我很佩服外國人，他們不僅千里迢迢來到這裡，還不惜花費重金，只為了待在孟買。

問：除非有那種強烈的衝動，否則我們是不會來的。

尼：那就是你的命運。在你所是的「化學要素」中，已經種下了這種衝動。

你們這些人來坐在這裡，不達目的，決不善罷甘休。為此，我非常尊重並重視你們。

臨終之時，最後一刻

一九八一年三月二十五日

尼薩迦達塔：要把身體當作訪客或來賓，有來有去。客人在場的時候，你必須非常清楚地知道你才是主人。客人告辭後，主人的真面目，得在客人還沒走之前就知道。聽懂了嗎？跟我說說看，當身體這個客人離開的時候，你會怎麼認識自己呢？

問：沒有身分認同。

尼：很好。這是確信無疑的嗎？

問：是的，在禪修中是確信的。

尼：客人的意義是什麼，有什麼特徵？

問：客人一到，就有了作為主人的身分感。

尼：存在的感覺，「我在」，是客人的特徵。你這些回答，是發自內心、確定無疑的嗎？

問：是的。

尼：那明天就不用來了。

問：只有在深入的冥想中，我才知道這一點。

尼：你能完全接受「你不存在」這一見地嗎？

問：在禪修中，會有一些時候我眞的確信無疑了。

尼：如果不能一直如此，那就算不上是堅定的信心。當一個人非常睏的時候，就在要進入深度睡眠的時候，那時，除了睡覺，他什麼都不想要。同理，在最後一刻，當呼吸離開時，也有片刻的狂喜。在那時，當命力和「能知」離開時，會有那麼片刻的狂喜，那是能覺能知的最後一刻。一個徹底領悟了這一點的人，就是智者，對他來說，不存在生與死。

即使你聽到這點並認為這是真的，概念思維也不會停止。在你之內已經有了一些概念。我現在告訴你的東西，只和這一微毫的「我在」有關。

問：馬哈拉吉能否再跟我們多講講臨終之時的情況？

尼：關於這個，沒什麼可多說的。它是真我之體驗，即「我在」的巔峰或終點。「我在」終結之後，就不再有「知」與「不知」的體驗了；「知」是物質性的產物。在你「出生」之前，你知道什麼嗎？同理，死亡之後，身體這件工具也不見了；沒有身體就沒有體驗。「永恆」是無生也無死的，但一個暫時的狀態則是有始也有終的。

即使當能知之力消失的時候，你也是遍在的；你是究竟實相，你一直都在。你乃能知之力，你是一切；無論什麼，都是你。一切明覺都在我之上展現出來，但我不是那個明覺。「明覺─我在」及其一切顯現，都明白了。通達之時，我不是那個。

「哦，原來就是這樣！」

一九八一年三月二十六日

尼薩迦達塔：你在這裡唯一能得到的知識，就是對真我的瞭解，它無法幫助你在世間謀生。你知道你的真實本性是什麼嗎？既然你已經明白了你不是什麼，你就不應該再關心你所不是的那些。清楚了嗎？

問：是的。

尼：你仍然覺得你是什麼，但即使是這一印象也必須被完全抹去，要不留下任何實體的概念，不留下任何的身分認同。既然你認為你瞭解你是什麼，那你會用「能知」來做什麼呢？「能知」只可被用於他人。

問：要能領悟，必須得靠上師的恩典。

尼：恩典一直都在，但必須要有接納之心才能接受恩典。大家必須堅信，在這裡聽到的是究竟真理。

你們並沒有將我教授你們的真知銘刻於心，沒有達到與之融為一體的程度，你們只是收了下來，把它裝進口袋裡，然後繼續使用你們積累起來的概念。你們當中沒有人真正瞭解我是什麼，你們對我有自己的看法。

問：我頭腦理解了。我該怎麼做才能體證到呢？

尼：只要還當自己是個體，就什麼也做不了。那個扎下根來的東西，會自己綻放出直覺的領悟。

問：要達到這種領悟，需要一些時間。

尼：這難道不是一個概念嗎？這一想法本身就是一種危害。當我的上師告訴我，那個立足點是什麼的時候，我聽了，然後說：「哦，原來就是這樣！」就是這樣，完事了。

如果沒有其他問題，我就說到這裡。我在這裡，不是為了監視你們的。如果你們真的明白我說過的話，就沒有理由再來了；如果你們不能理解，那麼繼續下去又有什麼用呢？

問：有時會油然感覺到一種遍在的愛，這是基於身心的嗎，還是別的什麼？

尼：整體的愛，恰恰是「能知」的本質。當這種感覺出現時，你什麼也做不了。一個人怎麼能擁抱整個大海呢？

概念的圈套

一九八一年三月二十八日

問：能知之力和智力之間的關係是什麼？

尼薩迦達塔：智力是能知之力的展現。

問：我們只有運用智力，才能瞭解、感知一切。

尼：該做的事情必須做，該瞭解的事情必須瞭解。「該做的事情」通常是指你現在的世俗生活，這些是你必須去做的。在靈修上，你必須明白，沒有「做」這件事。在靈修的層面，沒有名字和形體。名相在日常生活才是必要的。在靈修中，人則要明白名字和形體不是他的真實身分。目前，你仍然被名字和形體所吸引。在這個現象世界中，你用的名字和形體的身分是暫時的，是過眼雲煙，任何與名字和形體相關的東西都不會永遠延續下去。

依賴各種概念來理解靈修的人，會陷入到惡性循環之中。

如果你被概念所困，你就會陷入概念的圈套之中……轉世、重生，這些都是概念。如果你陷入了這些概念，就一定會有轉世。從概念之中，各種有形之物被創造了出來，就像樓房等等。最初你制定一個計畫，你有一個概念，這個概念由你而生，你賦予它具體的形狀，但它仍然是一個概念。

在經歷了所謂的「出生」後，你就陷入到了一個劇情中，就像電視螢幕上的戲碼一樣。這整個展現出來的人生，就像一部電影。

你平時一定留意到了，周圍的環境總是在變化，這就是你把自己視為身心後，會具有的特質或表現。正是能知之力在展現、嬉戲，而在這個昭昭靈靈的能知之力中，各種不同的面孔和身體上演著劇碼。你不是這些面孔和身體，你是能知之力，現在這些談話就是從能知之力中流淌出來的。

就像你在電視或電影螢幕所上看到的戲劇是虛幻的一樣，同理，能知之力這齣戲也是虛幻的。對於一個智者來說，所有的展現都是虛幻的。

我不會對你的家庭問題提出解決方案，我只告訴你這個世俗生活不是真實的。聽完這些談話後，你仍然想為自己謀求一些好處，真是可悲。

讓人驚訝的是……儘管我勸你別來這裡，你還是來了，怎麼會這樣？

無需事先要求，我們就能看到夢境。為什麼我們看到了夢？因為在深度睡眠中，「能知」會自動醒來，而且因為它醒了，它就會展現自己，形成某些境界。

就像這樣，現在也一樣，你來到這裡也是這樣。

我和你說話，不是為了謀求自己的利益，你聆聽，也不是為了謀求你自己的利益。所有這些語言都是在如夢的狀態下自然萌發的。

我總是想要把你引向真理，但是你來這裡，卻滿腦子裝著有的沒有的念頭，你沒有在聽我說什麼，只是來亂的。

現在，想想身體消亡的最後那一刻——那時候你將放下的那個身分是什麼？

這是個騙局，一切都是假的，就像一場夢中的世界。

問：什麼是最初起因？什麼是原罪？

尼：原罪，就是這個能知之力開始有了知覺，這場鬧劇就開始了。

不管你喜不喜歡，我都要把事情的實際情況擺在你面前。你知道你在，但這都是想像出來的。你以為你在，但這只是個騙局。不管「存在」的特性是什麼，它又是怎麼活動的，都不是你所做的。

當你，安住於你的本來面目時，你就擺脫了這個無事生非的夢幻世界。現在，我把你的真實身分擺在你面前。

你們大家都怕死，害怕這種「能知」會離開。所有的展現，都是食物精華之身的展現，那不是你。甜或辣，是食物的表達，你是保留不了這些味道的。同理，「我在」是食物精華之身的一種特徵或展現，你不可能永遠留住它。

就是這麼簡單

一九八一年三月三十日

尼薩迦達塔：你們坐在這裡，讓我很感嘆，也很驚訝。這場談話是從一個沒有言語的狀態中流淌而出的。你們認為自己的真面目是什麼？

問：如何在「我在」之覺中站穩腳跟？要去想著「我在」、「我在」……嗎？

尼：你正坐在這裡，這需要想嗎？你知道你坐在這裡。無論我多麼急切、頻繁地敦促你們不要認同身體，不要當自己是一個個體來思考和行動，你們還是依然故我。

無論名字和身體是什麼，都屬於物質，而物質不是你。你有沒有分析過這個問題，並堅定地確信，認定你自己不是物質？當物質分解後，名字還能代表什麼呢？它還有什麼意義嗎？

千萬人中，只有一個能直截問題的核心，對它加以分析，得出結論，然後獲得解脫，完全不與他人為伍。得到解脫的那個是「能知」，沒有什麼個體。

最終領悟到的是，使領悟得以發生的那個，其本身會變得非常細微、精細，以至於消失不見。而當這個「能知」再次升起時，三摩地就被打破了，這種「我在」又再次出現。

語言來自於「能知」，「能知」需要身體的力量。身體逐漸變得越來越無力，於是就不能像我所希望的那樣，想說什麼就說什麼了。我花了大量的精力一遍遍地重複，但有多少人理解了呢？實際上，事情極其簡單，但令我沮喪的是，你們一直來這裡、聽我說話，但沒有任何跡象表明這些話觸及了本源。

什麼是「生之基礎」[189]？你要麼明白了，要麼不明白。如果你明白了，為什麼還要繼續來這裡？如果你還不明白，又何必繼續來呢？

問：馬哈拉吉，我只是喜歡跟您待在一起。

尼：那是另一回事。但我想讓你理解的東西，你真的吸收進去了嗎？

問：我們帶著這麼多概念來到這裡，而您的開示是如此令人震驚，就像是休克療法[190]。所以您又怎麼能指望我們能提出問題呢？讓我們先花點時間來吸收這種衝擊，然後才能問出問題。我們現在被震驚得啞口無言。

尼：來這裡聽了我的談話並明白了的那些人，當他們回到自己的國家後，就會成為上師。要明白很容易，你們為什麼就是不明白呢？現在，在顯現之中，你是「能知」；但除非有「食物之身」存在，否則「能知」是沒法維持的。因此，「能知」依賴「食物之身」，而就食物之身其本質而言，是轉瞬即逝的，而我不可能是那個。就是這麼簡單，你們為什麼就不明白呢？

一定是因為，「能知」不再覺知其本身了。甜味就蘊含在糖裡，而我是知道並去品嘗甜味的那個。所有這些靈修上的概念都約定俗成地形成了。「知」的最終狀態是「不知」，這是最後一步。當「能知」明白並領悟了「能知」之時，就會超越「能知」。

問：今天早上，在深度睡眠和清醒之間，有一種寧靜，在那一瞬間，對這寂靜徹底了然，當時唯有本然存在。

尼：這是一種相當高階的狀態，但不要沉迷於此。深睡就如同水凍成了一塊冰，那裡什麼也沒有，現在暖意襲來，它又開始融化變形，而伴隨著這種暖意，你感覺到你在。

在笛聲之中，整個世界都陶醉了。「能知」讓你著迷於世界這齣戲。去參問一下那支笛子吧，是誰在吹奏它。找到源頭。

問：在生活中會出現很多問題，我們必須不斷地去覺察到「能知」，但頭腦不會讓我們這麼做。

尼：頭腦是一種用來溝通的工具，有其實用性的目的。頭腦是無法理解真相的。真我見證著頭腦，但頭腦無法把捉真我。

忘記曾經存在過

一九八一年三月三十一日

尼薩迦達塔：當一種清晰的領悟取代了「能知」的本質和作用時，這種領悟就不再需要「能知」了，因為領悟成為了知道「能知」的知者。

問：是否有可能作爲全體的顯現而運作，而非個體？

尼：你怎麼理解成為全體的顯現，以及成為個體？

問：什麼是顯現？

尼：我即顯現。我，是無顯的究竟實相，而顯現出來的，同樣也是這個「我」。「能知」是究竟實相的展現而已，並無二異。

問：如果我的生活給了我很大的滿足感和快樂，那我爲什麼要費心去弄清楚我是誰或我是什麼呢？

尼：這種「能知」在得到答案之前是不會安息的。「能知」無法忍受自己的存在，無法忍受自己的「能知」。

問：它想回到自己的安息之處。

尼：我不想做文字上的討論。

你們這些人態度堅決地來到這裡，來這裡坐著，堅持不懈。如果你們樂於這麼做，那隨你們的便。

我的開示很簡單：體驗者和體驗全都是幻相。

你年輕的時候，會非常喜歡屬於年輕人的各種活動，你會非常投入其中；一旦青春逝去，你就對這些年輕人的活動不感興趣了。同理，只要你還披著「我在」這個概念，你就會捲入各種概念之中。當「我在」這個概念消失後，自己曾是以及自己曾有過這些體驗的記憶就不復存在了：記憶會被抹得一乾二淨。在你徹底清空之前，在你還留有一些痕跡之時，最好還是離開這個地方吧。

你可能再也接觸不到這樣的教法了，在這樣的高度，而且如此的詳盡。

這位女士積累了許多知識，學富五車，但時機一到，她不僅會忘記她所積累的一切，而且還會忘記她自己，忘記曾經存在過。

束縛是想像出來的

一九八一年四月四日

問：證悟眞我的人總是處於極喜的狀態嗎？

尼薩迦達塔：超越了身體這一概念的人不需要極喜。在你還沒有體驗到身體時，你就處在那種極喜的狀態。這種狀態先於你的出生，不能說它是深度睡眠，它超越沉睡。智者的自證境界，就和你出生之前的那種狀態一樣，那是一個圓滿的狀態。

問：我要如何才能成爲那樣？

尼：在擁有身體之前，你一直都處在那種狀態中，但是由於身體意識，你迷失了。

問：身體是存在的。

尼：不要提問題，只是聽。你需要待在聖者們的身邊，才能聽懂我現在說的話。這樣的真知是無法用智力來理解的。

問：在永恆的狀態中，有沒有「存在—能知—極喜」？

尼：食物的精華是薩埵，特徵是「能知」，而其內在，就是「存在—能知—極喜」。永恆的狀態是在那之前的。

問：我在書中讀到，出生的主要原因是你自己對出生的渴望，出生前的那個狀態中怎麼會冒出這個來的呢？

尼：你的出生是你父母欲望的結果。

問：我要怎樣才能擺脫束縛？

尼：根本沒有束縛，束縛是想像出來的。如果你轉向「能知」，你所有的問題都會被真我消融。

問：是什麼障礙著我領悟到這一點？

尼：唯一的束縛，就是你持續地記得你是這個身體。

問：在不完全瞭解馬哈拉吉的情況下，大家還是會來這裡。那是爲什麼？

尼：這正是明覺以及超越明覺的那個基礎的相會。這兩者之間互相吸引。這就是為什麼大家從世界各地來到了這裡。

我無形無相，你不能對我有所增減。我圓滿無缺，在各方面都全然具足。無論你對我做什麼，你都不得不自食其果。如果你生我的氣，你是自討苦吃。如果你對我做什麼事，你就會得到報應。如果你朝天空吐口水，口水只會落在你身上。

問：物質世界是由什麼創造的？

尼：從昭昭靈靈的能知之力之中，物質世界被創造了出來——在永恆的超梵、永恆的梵之中，戲劇上演了。在那齣戲中，你就是全部，沒有什麼獨立的個體。在身體之中蘊藏著「我在」之味；當身體消失之時，這種滋味也就消失了。當你遇到問題時，你總是去找書看。你為什麼不自己去探究一下呢？找出你是誰。

在五大元素的這場遊戲中，無論看到什麼還是體驗到什麼，都只是享樂；而能有享受或者說娛樂，頭腦是必不可少的。

問：梵天、毗濕奴[191]以及其他神祇又是什麼呢？

尼：他們只是能知之力中的表象。每一種形象都有其時限，有的可能長達數百萬年，但他們都只是表象而已，都有其限定的壽命。

知道明覺的那個知者，不會受到個體的希望、恐懼等等的影響，完全不會。

我們只能看著運作發生

一九八一年四月十日

尼薩迦達塔：這「無相」一直都在，來了又去的，只是這個顯現出來的「知」。我現在沒有一絲個體性，剩下的，僅是「能知」，而這個物質工具是用來展現「能知」的。這種「能知」不是什麼讓人滿意的東西，它是一種不圓滿的狀態。

這種「遍在能知」的運作，沒有什麼原因，也不依據因果規律。為什麼某件事會在特定的時間發生？在現在這種二元狀態下，是沒法解釋的。我們只能看著運作發生，沒法追究一切的起因。如果我們可以選擇是否接受這個「身體─意識」的話，誰會蠢到去接受它呢？只是因為當初別無選擇，一切都才自發產生了。而且，痛苦也必須承受下來，因為它是整體運作的一部分，沒有誰可以挑挑揀揀。

現在已經不剩下什麼個體性了；然而，由於身體是整體運作中的一部分，所以不管整體運作中出現了什麼，都必須承受。在整體運作中有無量的痛苦，這個身體只是無數的身體中的一個，它必須經歷所有痛苦中屬於它的那一份。

問：我正在努力理解這一點。

尼：對那個努力去理解的個體，你緊抓著不放。所有這些都只是為了溝通上的方便。那個想要理解是怎麼回事的人，是誰？

由於你抱有某些概念，於是你從事了許多活動，來滿足這些在你之內自發升起的概念。只要這種能聞能知還在，所有這種交流、講解等等的行為將繼續下去，而所有這些都只是為了滿足「我在」這一概念。而你是究竟實相，並非「我在」這一原初概念。

我對你說的這一切，你可能會喜歡，你會欣賞，但是，你幾乎不可能吸收或理解我所說的。我肯定你還沒有弄明白我在說什麼。這兩位是大人物，是法律專家，他們來這裡聽我的講話，但這又如何運用到他們的法律知識裡去呢？

除非你敬愛一位上師

一九八一年四月十三日

問：弟子虔信於上師，這不是二元對立嗎？

尼薩迦達塔：在這個世界上，二元對立總是存在的。由於認同了身心，顯現只能出現於二元之中。如果上師和弟子不把自己等同於身體，那麼哪裡又有什麼二元對立的問題呢？學生和上師都只是明覺，明覺是無形無相的。

問：我們已經承認，我們不是身體，我們從來沒有出生，也不會死亡，但似乎還缺了點什麼，這是怎麼回事？

尼：你說說看，有誰是聽了之後徹底接受了的？我視那些聽我說話的人都只是明覺。動物活著，只是為了填飽別人的肚子，這就是你在這裡的全部目的嗎？聽我說了這麼多天，你一定會有所改變。人必須知道，他不是身體，而是賦予身體知覺的能知之力。你真的有了這樣的改變嗎？

問：上師曾解釋過，對上師的執著也是一個概念，要如何擺脫？修行人會想一直向上師表達他的敬意。

尼：這是初級階段會談的話題，那時還有二元對立。修行人視上師為有別於自己的某人，所以他想表達他的敬意。修行人也是上師、是智者，沒有區別。

我仍在修持敬拜我的上師的儀軌。保持這種做法，是為了樹立榜樣：除非你敬愛一位上師，否則你脫離概念束縛的過程不會加快。只有理解了我所說的，你才會來這裡。如果沒有人來，我不會不高興，該發生的都發生了。

你必須要有一位外在的上師

一九八一年四月十五日

問：從上師那裡聽到眞理，就能證悟嗎？還是有其他的方法？

尼薩迦達塔：沒有，只能靠上師的恩典和指導。上師完全瞭解什麼是有屬性和無屬性之梵，以及什麼是世間和出世間。你把在這裡聽到的一切都當作概念來掌握。你沒有試著去成為那個。你喜歡把真知當作概念。

問：馬哈拉吉曾經說過，內在的上師比外在的上師更重要。

尼：在初期階段，你必須有一位外在的上師。那位上師會與內在的上師一起引領你。

問：咒語又是用來做什麼的？

尼：咒語代表你內心的目標或目的。

問：我是醫生，有時我會對病人產生執著，會捲入到他們的問題中。有時候，我可以放下，置身事外，但我的病人就像是戰士一樣，會努力用他們的問題把我捲進去。有時候我覺得自己好像在逃避。

尼：這是你概念上的認知，不是你的真知。感覺自己被捲入了世間事務，這是一個概念而已，想要逃離，也是一個概念。

問：如果非常赤誠，想要了悟眞我，勝過想要世界上的其他任何東西，那麼，獨身一人遠離人群，除了這個之外什麼都不想，不是更簡單嗎？

尼：完全不是這麼回事。並不是說你要從外部獲得什麼，「你在」的這一明覺一直都在，只需要明白這一點。

這一切都是概念的遊戲。哪怕認為我將獲得真知，或者我已經得到了真知，都依然是一個概念。在獲得真知之前的，無論「是」什麼，「那個」就是真實。

問：當馬哈拉吉被問到極難的難題時，答案是從何而來的呢？

尼：答案從問題中來；每個問題都自帶答案。

智者的痛苦，智者的生活

一九八一年五月九日

問：如果得了痛苦的疾病，智者也會像其他人一樣苦嗎？

尼薩迦達塔：對於智者來說，頭腦和智力不起作用。他們對受苦的那個並無罣礙，但所受的苦可能會更深，因為對個體來說，受苦的只是身體，而對智者而言，受苦的是「能知」，所以在「能知」中體驗到的任何事情都會被放大許多倍。但是你不必擔心這個階段，因為這是一種罕見的情況。對智者來說，其境界是完全脫離身心的。

作為個體，在某種程度上脫離身體，頗為愉悅，人會喜歡接受這種狀態。對智者來說，脫離身體更全面、更徹底，因此，這種狀態無謂愉悅或什麼，最終的結果是無欲無求。這是我所體驗到的，其他人我就不知道了。

問：馬哈拉吉能否賜予我真知？

尼：要明白：智者是無法把真知給予任何人的，他能做的，只是指出你的真實本性。這裡的條件這麼差，我不知道為什麼大家會被吸引來到這裡。對來這裡的人，我什麼都給不了。大家被吸引到這個地方來，是自發的，在智力上無法理解。

如果我說的這些話有人聽得懂，那麼效果會發揮在他個人生活的日常處事中，他行事便不帶意圖。事情會像滾珠一樣進行，無須認真努力或刻意為之。就我而言，從早到晚，身體都在履行其日常的職能；事情平常地發生，不會有什麼抗拒。一整天當中，對於正在發生的事情，都沒有興趣瞭解。

直到八點鐘，心智才開始起作用；現在，我能意識到自己心智的一點點認知。

在智者的生命中，沒有智者會揭開這個祕密。他不僅無欲無求，也沒有「存在下去」的願望，「能知」努力延續下去的那個願望不存在了。因為要有希望、期盼，就必須擁有一個形象、一個身分。

火焰熄滅之後

一九八一年五月十日

尼薩迦達塔：你最深愛的，正是「我在」，即有知覺的存在，但它不會永遠延續下去。

當火焰熄滅後，對火焰而言，還有什麼得與失？火焰代表什麼？

問：明覺，「能知」。

尼：那個「能知」會發生些什麼？只是為了證悟、明白，我們才靈修。火焰熄滅之後，它就不需要對自己做任何事了。同樣地，要明白，當身體消亡，「能知」消失時，你什麼也不需要做。有了這種領悟，你可以在世間率性而活了。

現在，你被身體這個枷鎖束縛住了，這就是概念性的。當一個人了悟到這一真知時，任何利或弊的想法都會消融不見。

由於〔「我在」〕這個基礎，你參與到了許多活動之中。當這個基礎消亡不見之時，你要怎麼辦？

不要揀擇，說「這是我應該做的，那是我不該做的」，不要把這樣的限制強加給自己。有隻螞蟻爬到你身上，咬了你一口；通過這一咬或一螫，你知道那裡有隻螞蟻。就是這樣，這種能知能覺的存在感「我在」，是因物質身體而起。

明白了這一點之後，要堅持出世或入世生活的那個人，在哪裡呢？問題都不存在了。

如果你徹底地接受並吸收了這一真知，儘管會有世俗上的種種艱辛，但沒有任何困境會影響到你。

這種晦澀但直接的談話，在其他地方是聽不到的。在其他地方，會教給你從「能知」中產生的某些概念，並且從這些概念中發展出更多的概念來誤導你。「能知」的領域中，任何類型的概念都是不真實的。這樣的談話，世人願意聽嗎？

你是什麼？你是那個「生之基礎」嗎，那個由父母的分泌物生出來的身體嗎？

獲得這一真知的人是不受世俗或家庭問題影響的。

找出「我在」這個概念的源頭

一九八一年六月六日

尼薩迦達塔：構成身體的物質正在衰敗、變弱，明覺也隨之減弱了。我仍然有存在感，因為構成身體的物質還有一點餘力。當那點餘力消失之時，「能知」也會消失，於是就沒有存在感了，可是我依然如是，就算沒有了存在感。

你們每個人都很努力保護自己。你想保護的是什麼呢？不管怎麼加以保護，它能維持多久？回到根源去吧，找出你想要保護和維繫的那個東西是什麼，弄清楚它能持續多久。

要明白你的真實本性，唯一的行法就是找出「我在」這個概念的源頭。存在感降臨之前，我所處的狀態是不存在時間概念的。那麼，生出來的是什麼呢？是時間的概念而已，一系列出生、活著、死亡，其實什麼都不是，無非只是形成了時間、時間的推移。

一旦明白了這一點，一切就都清楚了；否則，就是一片混沌。這不是很簡單易懂嗎？

問：語言是很簡單易懂的，但要參透這些話卻很困難。

尼：缺少了什麼東西之後，你會連語言都沒法聽懂呢？去到那個源頭的根本吧。

要理解我今天早上告訴你們的話，聰明才智是全無用武之地的，必須以直覺來理解。

見過種子裡的樹

一九八一年六月八日

尼薩迦達塔：大家並不是真正理解我的話。他們斷章取義，然後形成了自己的概念，但真正的「真我明覺」並不會蘊藏其中。

假設有一粒種子要長出一棵大樹。只要切開種子，就一定能看到種子裡的樹。

我擁有的大樹就是從一粒「生之種子」中長出的，我把它剖開，得到的是「真我明覺」。除了「真我明覺」，我還有什麼別的本錢嗎？

我見過這麼多所謂的智者，但貨真價實的那個，那個見過種子裡的樹的人，我到目前為止還沒碰到過。

在老年階段，智力會發生什麼變化呢？年老之後智力會消失，但有一位見證者在看著這個發生。如何才能描述那個見證者呢？

問：念頭和情緒總是升起，會分散我的注意力。我該怎麼辦？

尼：在念頭升起之前，你就在。所有的起心動念，諸如此類，僅僅是能知之力中的運動。

一旦「能知」出現，一切就都產生了，世界以及世間形形色色的事物，就見證吧。事情發生了，卻並沒有一個個體在見證。「遍在能知」的整體運作被「見證」取而代之。

因為我完全否定個體，所以百萬人中，只有一人會被我的話所吸引。

問：許多人一直覺得有所欠缺，總是在尋尋覓覓，卻從不滿足。那是爲什麼？

尼：你永遠不會滿足，直到你發現「你」就是你在追尋的。如果你想以個體身分獲得真知，那你是得不到的。如果你滿意這種智慧，你可以來靜靜地坐著。如果你不能接受這種對自我的否定，你可以離開。我會理解的，我無所謂。

從未發生過的事情，那便是不孕女的孩子，有什麼好恐懼的呢？那是想像出來的，不真的。在幻覺中，如果有人想要得到什麼，那不就是在徹頭徹尾的虛假中尋找真實嗎？

問：如果它是眞的，我們就可以對此做些什麼了。

尼：對。你看到了一個東西，那沒錯，但是你看到的是幻相，就像一場夢。我們在夢中看到的似乎非常真實，但我們知道那是不真實的。

儘管理解所有這些，要放棄男性或女性這種身體認同依然很難。

沒有身體，就無法被賦予真知。為了讓究竟實相顯現「它」自己，物質的存在是必需的。究竟實相的「未顯現」和「顯現」並無二異，都只是「它」的表達而已，就像物體和物體的影子。

這種本然之愛，並非是對一個個體生命的愛，而是整個「遍在能知」的本質。

不用承擔後果

一九八一年六月十一日（上午）

尼薩迦達塔：只有堅決否定身體認同，徹底認同能知之力之時，我的話才會對你有意義。

真正的你，是無限的，是不受感官影響的。因為把自己局限為身體，你把自己關在你真正所是的無限潛能之門外了。

在禪修時，正是能知之力在禪觀自己，並安住在自己之中。

如果你接受了我告訴你的，那麼無論世界上正發生什麼，你都不用承擔其後果，你既不關心原因，也不在乎結果。你就會接受你的真實本性。任何身體做出的行為都將自行發生，無擾於你的真實存在。

記住，當這種命氣之力（即呼吸和意識）離開身體時，不需要任何人的批准。它自發產生，自動離開；這就是在所謂死亡過程中發生的一切。沒有人出生過，也沒有人會死。

問：按照我的理解，生命的目的僅僅是要去明白，顯現出來的和正在運作的都只是「遍在能知」。除了領悟之外，沒有什麼可做的。是這樣的嗎？

尼：是的。一切都是自發、自動、自然的，只有「我」和「我的」的概念才是束縛。

當有像你這樣簡單的人在這裡的時候，我心平氣和，不會激動，但是有些人自認為是智者，自滿於擁有知識，想要炫耀，他們來到這裡就會引起激動的反應。

問：這是很高層次的知識，境界非常高；在聽懂這種知識之前，普通人該做什麼？

尼：只要願意去接受，深切地渴望去理解它，除此之外就沒有什麼要做的了。真知本身會引發該有的結果。所需要的不是聰慧或智力，而是一種明辨的直覺。

那麼，現在你不是身體了，接受這一點後，你還能繼續認同身體嗎？

問：身心有其價值嗎？

尼：每件事都有它的價值。

問：難道我們就不用照顧好身體嗎？

尼：人認同什麼，就會去照顧什麼，但你與身心無關，為什麼還要操心是否照顧它們呢？

當你是虛空，你就不再是身體，而是包含在虛空中的一切，你就是虛空。你現在是顯現的一切，包括虛空。知道這個虛空的，是「能知虛空」[192]。當你是「能知虛空」，你比物理上的空間更精微、更廣闊。智者超越了這些不同層次的精微存在、天空、空間。在「能知虛空」中，他仍然被禁錮著，被「我在」的想法所束縛，因此更高的層次是「超虛空」。「超虛空」是最高的，還有其他「虛空」存在，共有七層。在「能知虛空」中，這種「知」就是「純淨我在」。在「超虛空」中沒有「是」或「不是」，它超越了一切。

愛是什麼？

一九八一年六月十一日（晚上）

問：愛是什麼？它能滿足需求或帶來快樂嗎？

尼薩迦達塔：是的。當你看到某樣東西並喜歡它的時候，這種喜歡就是對那個物體的愛。當憤怒和失望升起時，那也是愛的一部分。它非常美好，也非常糟糕。所有的痛苦經歷都是愛帶來的。找出所有這些愛與恨的遊戲的前提是什麼？正是對「本然」、對存在的愛，引起了所有的痛苦和悲傷。你避免不了，因為你有延續下去的意願。在任何愛之前，對「本然」的愛就在了。它是愛恨交織、苦樂參半的。以（打火機的）這簇火焰為例，它提供了光、溫暖，它也能燒傷你。

問：我能遠離它嗎？

尼：想要遠離它的你，是什麼？如果你是有別於我的，那麼我可以讓自己遠離你，但一切萬法其實都與我無別。

已經發芽、生根的那個「你」是什麼？那個本身就是快樂和痛苦的根源。

當你明白了這些，一切就都結束了，完結了。然後你興奮地拍拍手，大呼小叫，喊上幾嗓子，所有的表演就都結束了。我現在所給予的真知（明覺），將會把你擁有的所謂的智慧一掃而空。

智者像虛空一樣精微。虛空是什麼樣的？你以為有天空，但它是什麼樣子的？這種明覺比虛空更微妙。「明覺─我在」，是虛空之父。

問：您是怎麼知道「能知」的？

尼：和你開始知道你自己一樣，完全一樣。你知道你在，其實這和找到了自己是一樣的，但是，你一直都在，不是嗎？靠邏輯來推論，又有什麼用呢？你必須此時此地就說，這就是「他」，實實在在的。

問：那麼，爲什麼馬哈拉吉對我如此感興趣？

尼：誰對誰感興趣？誰是那件事的「做為者」？這一切都是自發發生的。

本然之吻

一九八一年六月十三日

尼薩迦達塔：在一般的靈修說法中，「智慧」意味著重複你所聽到的，是一種智力上的表現。他們認為這就算是靈修了，但沒有人努力找出自己是什麼，沒有人看看他自己。一對男女結婚，他們對彼此興致盎然，同樣地，當一個人與靈修結了婚後，就全副心思被靈修所占據。

你是體內流動的血液嗎？你是皮膚、骨頭嗎？你不是。當你這樣探究，並逐漸明白你不是身體之後，你就會破除一切，你所不是的一切。最後，你會是什麼呢？搞懂這一點。

你是如此沉迷於那些你記下來的東西，那些儀軌、拜讚歌等等，要是沒有每天都誦讀，你是不會心滿意足的。

修持這些儀式，是要讓無知之人的身心保持忙碌；但有這身心，是為了要知道你在，而你是無名也無形的。

對於明白的人來說，沒有快樂與痛苦，也沒有對死亡的恐懼。如果你認同身體，那麼你就陷入了與身體有關的各種事情當中。

我說的話不多，很簡短，但卻非常有效。關於靈修的書有很多，它們不會摧毀你的概念，反而加入了更多的。所有的書都沒有告訴你，你是誰。

問：什麼是「狂喜」和「存在—能知—極喜」？

尼：大家有時候一邊唱誦拜讚歌一邊跳舞，渾然忘我，所以這種狀態被稱為「狂喜」（*Chinmayananda*）。要想擁有這種「狂喜」，必須要有「能知」做個引子。*Ananda*意味著極喜，這是頭腦的品質（頭腦的一種高級境界），但這還是在「能知」之中出現的。先決條件是「能知」的那一吻，那是獲得大樂和喜悅的至高狀態所必需的，那就是「狂喜」和「存在—能知—極喜」。

我認清了這一點：我什麼都不是，我沒有模樣，沒有色彩，沒有屬於自己的形象。清晨，醒境開始，本然之吻就出現了，振動整個宇宙，振動著我。下午午休的時候，我也觀察到同樣的狀況。如果你想從生理層面來看待我的話，我連這壺水都提不起來，身體沒什麼力氣了，但是那種整個宇宙的振動感，就是「純淨我在」之感。

我是知梵者，我是梵之智者，儘管如此，這種存在之感，只是痛苦而已。

一旦明覺醒來

一九八一年六月十五日

尼薩迦達塔：一旦你內在的明覺醒來，你就是智者，不再是個凡夫俗子。你是昭昭靈靈的梵、「生命之力」[193]、充滿活力的昭然之梵。

在此之前，你的心念總是圍繞著身體及其相關的事物，但脫離身心，並且安頓在活活潑潑的「能知」狀態中之後，你的心念會是怎樣的呢？如果有念頭，念頭會更精細。不過，這種動態的「能知」是食物之身的特性。只要身體還在，「能知」就在。

無論你早上說了什麼，聽到了什麼，你都會不停重複，直到入睡；沒人在這個層次上好好參問：一切運作是怎麼發生的？這種運作的特性是什麼？如何發生的？你是什麼？好好探究。

只有少數人能明白。這就是為什麼我趕人的原因。只是聽別人說是沒有用的，但如果信心堅定，他們就會逐漸明白我說的話。智力上的不足，是可以由堅定的信心來彌補的。「本然存在」就在這裡，「能知」就在這裡，因為它在，所以世界才存在。唯有「能知」主導時，大家說的話，我無法理解；那時只感到「能知能聞的當下」，不察發生當下的細節。因為「能知能聞」，你才當我在場；如果「能知」不在，你就會認為我不在。

知識不過是一堆無明

一九八一年六月十七日

（提問者引用了很多經文典籍。）

尼薩迦達塔：醒位出現的那一刻，就開始把痛苦（當神一樣）供奉起來了。你最初一次出生是什麼時候？

問：我對此一無所知。

尼：那麼，這些關於究竟實相的說法，你又憑什麼相信呢？這並非你的直接體驗，是從書本上看來的知識。不是你親身體驗的東西，你憑什麼相信？

德里發生了一起搶劫案，警方可能在這裡逮捕你，指控你犯下搶劫。你去過德里嗎？

問：沒有。

尼：那你為什麼相信有這個「出生」？什麼是聖典或經書？它旨在規範我們在世間行為，什麼該做、什麼不該做而已。別在這裡談論它。回到原先的問題：你是否相信有這個「出生」。為什麼要在這裡高談闊論？對無知者來說，閱讀經文可以，但下一步是放下，努力瞭解自己是什麼。

現在，甩掉所有你讀到的東西，試著領悟。你必須運用你的明辨能力。只是盲目地接受經文所說的東西，那是沒有用的。可以相信它到一定的階段，之後，你必須足夠強大或足夠成熟，要能自己去明辨。大家上下求索，為了獲得真知，但他們被困在語言的陷阱以及所謂聖人搞出來的愚癡概念之中。某位聖人會要求你以一種方式行事；你去到另一位聖人那裡，他會讓你以另一種方式行事。就這樣，你陷入他人的概念中。在經典裡有這樣一個智仙的故事，說他一口喝盡了七大洋的水，你會相信嗎？利用你的明辨。你提到了查拉納[194]，即行為準則；查拉納指的是發起行為的那個。查拉納指的只是「我愛」狀態、「我在」狀態、「能知」狀態、存在感，它是超越語言的。正是從那個之中，才出現了能知之力中的活動。

「世間」[195]和「出世間」：*Loki*，我們通常認為是世俗的；*lok*的意思是形形色色的人。大家所規定或所遵守的，都是「世間」的。「出世間」超越了世俗。「出世間」不為你所知。這些信徒深愛著我，但在「出世間」的層次，他們並不瞭解我。

靈修談話是屬於「世間」的談話，是世俗的談話，努力給別人灌輸個形象而已。現在這裡沒有形象或樣子，那麼，你又怎麼能與它成為一體呢？你也必須有一個形象或樣子才行。若是談論知識的話，我們就必須通過語言來交流，但這不是究竟實相。

你想擁有知識、收集知識。這樣的知識在世界上很氾濫，到處都是，但是只有稀有之人才會明白，這種知識不過是一堆無明。

對你自己想出來的各種概念，你琢磨個不停；而那些你不喜歡的概念，就想也想不起來。如果你對求道感興趣，你的想法和觀念就會繞著這個轉。

該說的，我都說了。不會再多說了。因為你來到這裡，所以我對你以禮相待，但我完全相信你和我都是無形無相的。恐怕我所說的話無法觸動到你真正的核心，因此你該去做拜讚。事實上，你根本不應該來見我。

毗濕摩[196]臨終的時候，躺在箭床上；我也正躺在痛苦的箭床上。

大樹樹蔭下

一九八一年六月二十六日

尼薩迦達塔：對於坐在這裡的人來說，你們得到的好處與坐在茂密的大樹樹蔭下所得到的好處沒有什麼區別。坐在樹下，會一定程度地感到平靜和愉悅。請保持平靜。

我的教導就是從這種能知之力中流出的。它就像一棵大樹，讓人在其庇蔭下放鬆；你來到這裡，坐下來，覺得放鬆，但你卻說不出所以然，無法用語言來解釋那種狀態。你處於一種放鬆的狀態，但在更深的層次上，是對真我的陶醉，安住並休憩在真我之中——這就是為什麼你會感到放鬆和愉悅的原因。

在這種狀態下你聽到的任何話語，都不會遺忘。

*Swartha*這個字，*swa*的意思是「我」，*artha*的意思是「意義」。*Swartha*的含義深遠。*Swartha*是「自私自利」的意思，可是*swa*其實指的是真我。語言在現實世界中的含義會讓你變得自私自利，但這裡流淌出來的話語，卻能讓你明白真我的意涵。

（一對母子來給馬哈拉吉獻上花環，並把加持品分給在場的每一個人。）

尼：簡單、純潔之人的內心狀態就這樣得到了感應。她祈禱兒子能通過考試。她內心的信念起作用了。

如果你享受這裡這種放鬆的狀態，如果你和這種狀態合二為一，你也將會超越這種狀態。你甚至會超越進入到一種在諸神誕生之前的狀態。

帶著這種領悟，做你想做的吧。從事你的世俗活動吧。當你理解了*swa*的意義，即真我時，就容不下自私自利了。

徹底明白這一點，安住其中，待時機成熟，你就會證悟。時機成熟時，才會發生。

你價值幾何？你是世界得以展現的能知之力。要自尊自重，不要淪落到頭腦和身體的層次。再說一遍，務必堅信你不受生死撼動。你宛如虛空，不僅如此，你先於虛空。

究竟的你，是永遠不會失去的。無論你失去了什麼，你失去的只是文字。

要說的，我都告訴你了，無論你聽到了什麼，都要銘記在心，仔細思索、反覆琢磨，並與之合而為一。

放棄神通

一九八一年七月一日

問：在深度睡眠中並無知覺。究竟實相超越了「知」與「不知」，這個我理解不了。

尼薩迦達塔：首先，一個孩子出生了：嬰兒不認識自己，飢餓、口渴等反應自然發生。這些是生命存在時，生理層面的事情，但內在的「知」尚未發育，還沒徹底成熟。一兩年後，孩子開始認識自己、母親等等。當孩子認識到自己時，他的「知」就啟動了。

在此之前，他是無知的，雖然是「不知」，但是蒙昧無知。然後，孩子獲得了對「我在」的認知：他不知道自己是誰，卻知道自己是什麼。後來，孩子開始收集別人灌輸給他的概念和想法，並對自己和他人產生了某些概念或形象。心智發展了。接著是深度睡眠和清醒狀態，日日周而復始。在醒位，不管你處於怎樣的心理狀態，你都知道這個世界，帶著各種想法，然後，你進入了睡眠。現在，從技術上講，可稱這種深度睡眠為「不知」，但這並不是那種究竟實相之所在的「不知」。

讓我們再從孩子說起：愚昧無知，「知」，積累概念，與上師相遇。上師告訴你：「擺脫概念，如實地做你自己。」所以，當你存在之時，只是如你本然吧。這是第一步：安住於你之所是的能知之力，離於語言，那就是明覺。當孩子開始知道自己時，也有明覺，但那是一種普通的明覺，人人都有[197]。現在的這種明覺是靈修上的。當求道者理解上師說的話後，就擺脫了概念，並且安住於「我在」的狀態中，如其本然，這是第一步。

最先是「我在」之「知」，離於語言；有了「知」，世界於焉存在。現在，求道者深入禪修，那個「知」就進入了「不知」。這是在身體這個因素還在時，修行層次中的最高境界，因為知與不知都是身體的面向：身體意味著「能知」，而「知」與「不知」存在於能知之力的領域中。

究竟實相超越了「知」與「不知」。因此，「不知」是修行的最高境界，而〔靈修的〕終點是要超越「知」與「不知」。

問：我還以為「不知」就是究竟實相呢。

尼：「知」與「不知」都是身體意識的表達。當這個食物所成的身體設備，連同「能知」一起被完全超越的時候，那就是究竟實相。

有光明，也就有黑暗，但背景是什麼呢？是虛空。虛空就在那裡，既不是光明也不是黑暗，但虛空的確存在。你必須超越光明與黑暗，才能安住於虛空。同理，人必須超越身體意識的兩面：「知」與「不知」。如果你處於旁觀「意識」與「無意識」的境界，這就是所謂的自然三摩地，或無分別三摩地。

你自然而然就處於這種狀態，但這個身體和意識的身心設備一直隨時待命著。一有人進來，這設備就運轉起來，否則你就會退回到究竟實相之中。這就好比：大廳裡，有一扇門，門上有一個窺視孔。那個窺視孔就是「能知」，但你站在門後。

假設太空船正離地升空：當你飛在空中時，你感覺到你逃離了地球，但事實並非如此，你仍然處於地球大氣層的影響之下。你必須遠遠去到沒有大氣層的空間才行。但要去那裡的想法又立足於哪裡呢？根本就不是這麼一回事，你真的就是究竟實相，而這些想法都是你的覆蓋物。

你知道你在，但你忘記了你在，那個「遺忘」就是「不知」，這是最高的狀態，筆墨難以形容，非語言所能道的。

領悟是必需的，你不該困惑。假設你生活在一種「知」的狀態中：你不該僅僅因為在這種狀態下，你的「知」獲得了許多神通力，就認為自己是個智者了。你或許認為自己是個智者，但事實並非如此，這只是剛剛起步而已。在那個階段有很多誘惑。當你只是本然存在、離於語言之時，你是強大的。放棄神通力吧，不要擁有。

尼薩迦達塔·馬哈拉吉的師承

包薩赫伯·馬哈拉吉（1843-1914）

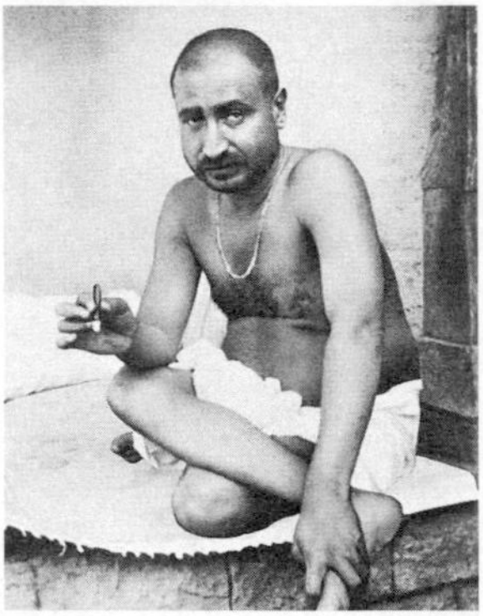

悉達羅摩濕瓦·馬哈拉吉（1888-1936）

冉吉特·馬哈拉吉（1913-2000）

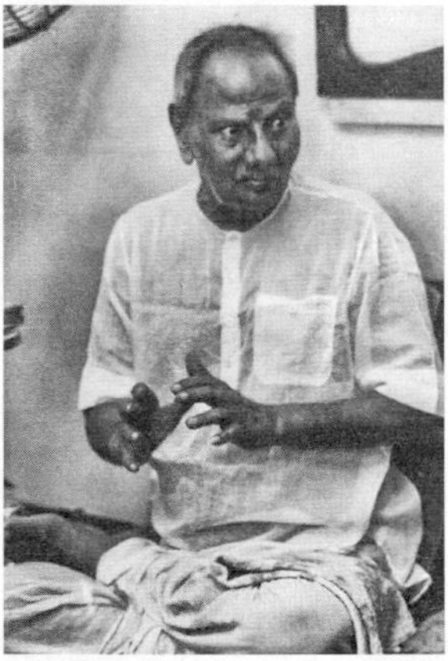

尼薩迦達塔·馬哈拉吉（1897-1981）

大事記

室利・尼薩迦達塔・馬哈拉吉

一八九七年四月十七日，出生於孟買，原名是馬魯諦・濕瓦蘭龐・坎普里（Maruti Shivrampant Kampli）。出生那天恰好是哈奴曼節（Hanuman Jayanti），虔敬的雙親便用哈奴曼的別稱「馬魯諦」為兒子取名。

在他出生前一年，孟買爆發了瘟疫，所以其父濕瓦蘭龐・坎普里（Shivrampant Kambli）舉家搬到了馬哈拉施特拉邦，拉特納格里（Ratnagiri）區南部的坎達岡（Kandalgaon）村裡。馬魯諦從小就要幫忙做農活，雖然受到的正式教育不多，但他常能聽到其父念誦聖典、唱拜讚歌、和道友談論宗教話題。

一九一五年，其父過世。

一九二〇年，馬魯諦隨其兄長來到孟買謀生。起初擔任辦公室職員，後來自己開了一家雜貨店。他經營有方，很快就展店數家，手下擁有三四十名員工，雖然也販賣餐具、衣物等，但主要經營香菸和印度平民抽的比迪菸。

一九二四年，與蘇瑪緹白（Sumatibai）成婚。之後，二人育有一子三女。

一九三二年，他搬入範馬里（Vanmali）大樓，此後終生居住於此。地址為：Vanmali Bhavan, 10th Lane, Khetwadi, Mumbai。

一九三三年，在朋友耶什萬特拉奧．巴格卡（Yasvantrao Bagkar）多次敦促下，他終於前去拜見了九師傳承（Navanath Sampradaya）的室利．悉達羅摩濕瓦．馬哈拉吉（Sri Siddharameshwar Maharaj）。在第三次拜見悉達羅摩濕瓦時，他接受了正式的入門儀式，得到了名號咒的傳授，他當場就有強烈的覺受，自此成為悉達羅摩濕瓦忠心耿耿的弟子。

在持誦咒語後，他很快就有了許多禪定境界。一年後，有人邀請他講法，他並不推辭。信眾常帶來重病的患者，他會讓病人喝下一杯清水，病症就隨之消失無蹤。他還自發地吟誦出許多詩句，並署名「尼薩迦達塔（Nisargardatta）」，日後他就以此名為世人所知。nisarga是「自然」、「本性」之意，datta是「被賜予」的意思，所以全名有「自然而得」、「本來具備」之義。悉達羅摩濕瓦聽聞他的這些表現後，喝令讓他放棄，因為這些都會阻礙他證悟實相。

在此期間，他牢記悉達羅摩濕瓦的「你就是超梵」的教導，只是安住在純粹的存在感「我在」上，常常一坐就是幾小時，沉浸在平靜與喜樂之中。

他在晚年時說道：「如果沒有遇到我的上師，我就會作為一個男人活著，然後死去。我跟從上師只有短短兩年半的時間。他住在兩百多公里外，每四個月來一次，待十五天。他對我說的話深深地打動了我。從此我只遵守一件事：上師的話就是真理。他說：『你就是超梵。』不再有疑惑，也不再有問題。上師向我傳達了他要說的話之後，其他事情，我也就都不在乎了。」

一九三六年十一月九日，上師悉達羅摩濕瓦圓寂。

一九三七年秋天，尼薩迦達塔憶起其師身前對「出離」的殷切教導，決定捨棄世俗生活成為雲遊僧。他穿著兜襠布、披著粗羊毛毯子，身無分文，前往南印度朝聖。有一次，他身處荒郊野外，飢腸轆轆，突然看到一間屋子，老屋主供養他食物，當他告辭後，偶然轉身回望，房屋和老人都無影無蹤。

完成南部的朝聖後，他北上準備前往喜馬拉雅山區度過餘生，途中遇到了一位師兄弟勸他不要拋棄世俗的家庭責任，本傳承的祖師就做出了世俗責任和靈性生活兼顧的榜樣，世俗生活並不損出離。

一九三八年，在外雲遊了八個月之後，他回到孟買。他不再有經商熱情，把幾家商店都關閉了，只剩下住所範馬里大樓附近臨街的一家小雜貨店，以此維持一家人的生計。他家在範馬里大樓一樓，層高很高，所以他建了一個夾層閣樓，不到三坪（二．四乘以三．七平方公尺）大小，幾乎所有的空閒時間都在那裡度過，禪修、唱誦拜讚歌、閱讀靈修經典，比如其傳承的四本經典[198]：《瓦希斯塔瑜伽經》（*Yoga Vasistha*）、《伊喀納特往世書》（*Eknathi Bhagwat*）、羅摩達斯的《給弟子的忠告》（*Dasbodh*）、商羯羅的《品行對話錄》（*Sadachar*）以及一些奧義書，也深入研究師兄弟記錄的悉達羅摩濕瓦的教言錄。在唱誦拜讚歌時，他充滿了虔誠，會常常處於狂喜的狀態。

一九四一年開始，他與師兄弟撒布尼斯（K. A. Sabnis）（又稱為百納特．馬哈拉吉（Bhainath

Maharaj〕）開始密切往來，兩人幾乎每天都會相聚討論靈性話題。彼時正值二戰，孟買市區常被炸彈轟炸，但他們不受影響。二者性格迥異，談話以尼薩迦達塔為主導，他曾對百納特說：「你就像毗濕奴一樣平靜，看看我！我就像憤怒的濕婆！」

期間他得了肺結核，但他毫無畏懼，靠了虔敬之力，每天對上師法照做五百個禮拜，無藥自癒。幾年之後，他開始尿血，醫生懷疑他得了癌症，但他拒絕去做檢查，兩三周之後，就痊癒了。

一九四二年至一九四八年間，他的一個女兒過世，妻子、母親也相繼過世。

一九五一年，開始正式收徒。其實自他一九三八年回孟買後，就有人想拜他為師，但他一直拒絕，只在白天經營菸雜店時，站在店門口與人談論靈性話題，若人想要得到名號咒的傳授，他會推薦他們去找他的師兄弟。這一年，他得到了悉達羅摩濕瓦的祕許，才開始收徒，並允許信眾聚集在他的閣樓上禪修、拜讚。為了容納來訪者，閣樓擴建成約四坪。

一九六六年，退休，兒子敕塔冉詹（Chittaranjan）接管了雜貨店的生意。

一九七二年，彼得．布蘭特（Peter Brent）所著的《印度的聖人》（*Godmen of India*）出版，書中提到了尼薩迦達塔。

一九七三年十二月，摩里斯．佛里曼翻譯並編輯的尼薩迦達塔開示集《我是那：與室利．尼薩迦達塔．馬哈拉吉的談話》（*I Am That: Conversations with Sri Nisargadatta Maharaj*）一書以英語和馬拉地語出版。此書使尼薩迦達塔舉世聞名，吸引了全球各地的求道者不遠萬里前去拜訪。

在六〇年代末、七〇年代初期，每年他都和一些弟子去朝拜其師和師公的出生地四五次。在七〇年代末後期，他的健康狀況大不如前，就不再出遠門了。他一直在範馬里的閣樓上接待訪客，每天早上和傍晚各有一次與訪客的對話，每次約九十分鐘。一日四次的拜讚從不中斷。每日的訪客大約有二十人，大多為西方人，到了周日和假期，則增至三十人左右。他通常只允許來訪者最多待上兩周，時間一到，就得離開，把聽聞到的道理加以實踐，幾個月之後可以再來短暫待上一段時間，又會被要求離開，騰出位置來給新人。

一九七七年九月，來自美國的簡．鄧恩（Jean Dunn）初謁尼薩迦達塔。

一九七八年，有位訪客恰好是當地的醫生，發現他說話有點嘶啞，經過初步檢查，懷疑是癌症，需要進一步檢驗來確診，但尼薩迦達塔拒絕了。

一九七九年，簡．鄧恩得到尼薩迦達塔的授命將他的談話整理成書。

一九八〇年四月，尼薩迦達塔的家庭醫生也發現他的聲音愈來愈嘶啞，強烈要求他檢查，於是確診為喉癌。有弟子帶他去見孟買最好的癌症醫師，醫生說若不積極醫治，日後會很折磨人，但他依然不接受化療或放療。弟子又熱心介紹其他療法，比如順勢療法、阿育吠陀、針灸，都只能暫時舒緩症狀。

一九八一年七月，癌症病情急轉直下。尼薩迦達塔與訪客的談話時間從兩小時變成了一個半小時，之後變成半小時。他舉步維艱，無法走上閣樓。

一九八一年九月八日，逝世。

譯後記

「意識」與「能知之力」

讀者可能早已發現，一個關鍵性的詞彙Consciousness，在本譯作中並沒有按照流行的漢譯那樣，被譯成「意識」。Consciousness一詞，在簡．鄧恩所編輯的三本對話錄中附錄的詞彙表中，都註明了是梵文*Chaitanya*的英文翻譯，*Chaitanya*以「*Chit*」（能知）為詞根，指的是「能覺」、「能知」、「了知的能力」，是一切顯現的背後的驅動之力、生命之力，這是尼薩迦達塔．馬哈拉吉所屬的這一傳承的一個核心的靈修概念，感興趣的讀者可以參閱我們此前的譯著，尼薩迦達塔．馬哈拉吉的師父悉達羅摩濕瓦．馬哈拉吉所著的《了悟真我之核心教授》一書中的譯後記——〈印度吠檀多英文著作中易被誤解的兩個關鍵詞彙〉（白象文化，二〇一九年一月出版），來了解他們這一傳承中對此的闡述。

尼薩迦達塔本人不說英語，我們只能仰賴當時在場的翻譯所使用的英文譯文Consciousness及附錄的英梵詞彙表來理解，但他的師兄弟冉吉特．馬哈拉吉會講英語，他從不使用Consciousness這個英文詞來指代同樣的概念，他用的是英文詞彙是Power，並且清楚指明，這是最本初的驅動之力，所以我們將本書書名中的Consciousness譯為「能知之力」。但在內文中，因為不同場次的對話語境各有不同，我們就順應對話的前後文背景，靈活對待Consciousness，有時會譯做「能知」、「覺知」、「意識」等。

在翻譯英文的吠檀多不二論著作時，一刀切地將Consciousness譯為「意識」一詞，極不妥當，因為中文「意識」一詞，給人的第一印象，就是屬於頭腦層面，但頭腦是在不二論中要被否定的對象，所以，如果譯為「意識」，會導致譯文在字面上就前後矛盾，會對讀者造成相當大的困擾，同時，也顯示出譯者並未明白尼薩迦達塔的教導。我們在此本譯著中所確立的中譯用詞規範，是在全面了解了尼薩迦達塔這一傳承——包括其師悉達羅摩濕瓦和其師兄弟冉吉特——的教法之後才確立的，是忠實於其原始語境的。

讀者在這本臨終教授中，還會讀到其他為數眾多的專業詞彙。這一方面因為尼薩迦達塔在現場教學時，有多位英文翻譯輪值，他們每個人習慣使用的英文詞彙不盡相同。另一方面，印度吠檀多的靈修傳統畢竟已發展了千年之多，後世的導師是站在前輩先賢留下的智慧教言的基礎之上所教授的，的確積累了數量龐大的專業詞彙。但請讀者把握一個普適的規律，悉達羅摩濕瓦這一派關於覺知的名相，無非在三個層次上所劃分：

一、個體性的層面；

二、遍在的層面，否定了個體性；

三、前兩者是成對出現的，畢竟是二元，所以二者皆需超越，「實相」那裡沒有概念，只是為了言說，假名為「實相」——這也就是吠檀多「非此，非此」（*Neti, Neti*）的終極原則。

關於這三個層次的詞彙，這裡可以舉一些大家熟悉的例子：

明覺↓能知之力／純淨明覺↓究竟實相

我在↓純淨我在↓究竟實相

個我↓真我↓究竟真我

個體↓梵↓超梵

在書末的附錄中，我們整理了一份表格，方便讀者了解不同詞彙之間的相互對應。

值得注意的是，這幾位智者在使用第一個層次（個體）和第二個層次（遍在）的詞彙時，有時是混用的，因為智者本身就已超越了個體性，雖然有身體，但相當於沒有身體。所以智者在覺知層面的個體屬性都擴展為了遍在的屬性，智者在使用這些詞彙時也不會特別咬文嚼字。比如冉吉特在《幻相與實相》中使用「明覺」一詞，有時指個體性的明覺，有時也指遍在的「純淨明覺」。而尼薩迦達塔在使用「我在」一詞時也類似，有時指個體性的自我存在感，有時又指的是遍在的精微存在感，即「純淨我在」。

此外，關於第二個層次和第三個層次的區別，悉達羅摩濕瓦在比較「真我」和「究竟真我」時，有個非常直觀的講解：「所有的體驗都有開始和結束。但這種『能知』，即對體驗的開始和結束的精微覺照，被稱為『真我』，或稱『阿特曼』，而所有體驗得以發生的背景，被稱為『究竟真我』。體驗結束後剩下的，就是至上真我，即究竟真我，它存在於體驗開始之前，也存在於體驗結束之後。『萬物之源』是不可被摧毀的。」——悉達羅摩濕瓦《開示真我之智慧明師：終極領悟》開示83：真我和究竟真我

以上就是對於本譯著在專業詞彙處理上，需要向讀者解釋的幾點。

譯註

1 由簡·鄧恩編輯出版的三本對話錄分別是：《能知之力的種子》（*Seeds of Consciousness*，收錄的對話時間為一九七九年七月七日—一九八〇年三月三十日）、《先於能知之力》（*Prior to Consciousness*，收錄的對話時間為一九八〇年四月四日—一九八一年七月一日）、《能知之力與究竟實相》（*Consciousness and The Absolute*，收錄的對話時間為一九八〇年五月一日—一九八一年六月三十日）。尼薩迦達塔·馬哈拉吉於一九八一年九月八日過世。

2 摩里斯·佛里曼（Maurice Frydman，1901-1977），波蘭裔猶太人，支持印度的獨立，並積極參與其中，作為聖雄甘地的弟子、尼赫魯的好友，是一個著名的人道主義者。他將尼薩迦達塔和來訪者的對話整理翻譯成英文，以*I Am That*為名在一九七三年出版，中譯為《我是那》。此書的出版使尼薩迦達塔被歐美讀者所知，吸引了眾多歐美求道者不遠萬里前去拜訪。

3 詳見一九八一年三月十一日的談話內容。

4 「馬哈拉吉」（Maharaj）是尊稱，意為「偉大的君主」，舊有中譯將之稱為「大君」。尼薩迦達塔馬哈拉吉（Nisargadatta Maharaj, 1897-1981）的傳承中，導師們通常都被尊稱為「馬哈拉吉」，比如他的師父悉達羅穆濕瓦·馬哈拉吉（Siddharameshwar Maharaj, 1888-1936）和他的師兄弟冉吉特·馬哈拉吉（Ranjit Maharaj, 1913-2000）等。為示區別，本中譯直接採用其各自名字，而不是統一稱為「馬哈拉吉」。

5 Consciousness對應的梵文（馬拉地語）原文是*Chaitanya*。*Chaitanya*這一概念是尼薩迦達塔這一派，包括尼薩迦達塔的師父悉達羅摩濕瓦，和師兄弟冉吉特教學中的核心概念和入道關鍵，綜合這三位導師的英文著作對*Chaitanya*的其他英文譯法，如Power to know、Life Energy、Life Force、Power等，我們確定其指的是一切顯現背後的源頭力量，正確的中譯應該是「能知之力」，有時也為了強調其非「所知」，而簡單譯為「能知」。詳見本書書末的譯後記。

6 「真我」（Self）一詞，從字面理解就是「真正的我」。我們都認定身心為「我」，但身心只是「假我」或「小我」。求道的首要目的，就是認識自己，認識真正的自己，並找到「真我」。「純淨明覺」（Pure Knowledge, Pure Consciousness, *Turiya, Sat-Chit-Ananda*）、「能知之力」、「超梵」（*Parabrahman*）這三者都超越了自我，超越了身心，都可以被認為是「真我」。但以哪一個為「真我」，取決於求道者所處的程度。「阿特曼」（*Atman*）一詞，也是「真我」的意思，但通常只相當於「純淨明覺」，而不會用「阿特曼」來指代「超梵」。

7 愛（love）這個詞，在尼薩迦達塔的語言體系中其實是略帶貶義的，指的是一種貪著。貪著於想要延續下去，貪著於想要存在下去。尼薩迦達塔習慣性的表達「真我的愛」、「對真我的愛」、「本然之愛」等等，其實指的是：「真我對它自己的愛，希望自己能延續下去。」（詳見一九八〇年六月二十七日的談話）有些地方，中譯者酌情譯成了「貪著」、「想要」。

8 「基督能知」（Christ-consciousness），是基督教的一個術語，是指基督耶穌的證悟境界。尼薩迦達塔借用這一西方的宗教語言，來指每個人都有的「能知之力」，也就是「遍在能知」。

9 「遍在能知」（Universal Consciousness）這個詞在很多中文的靈修書籍中被翻譯成「宇宙意識」，但是用「意識」這個詞並不準確，因這與頭腦中的心念無關，另外，運用「宇宙」一詞會讓人誤以為這就是一種「涵蓋宇宙、與宇宙成為一體」的覺受體驗，其實並非如此。在尼薩迦達塔的語言體系及其傳承中，「遍在能知」指的就是普遍的、遍在的能知之力，與個體性的「能知」相對。就此可以參看尼薩迦達塔的師父悉達羅摩濕瓦的《了悟真我之核心教授》。

10 毗黎提（*Vritti*），指心念的修正過程，是連接了能知與所知的媒介。數論派認為智（intellect, *buddhi*）藉由毗黎提的修正過程而呈現為客體的形式，而我們所覺知到的即是此修正之物。了知的主體與客體兩者之間的關係並非直接，而總是藉由毗黎提這一媒介而有。

11 尼薩迦達塔在一九三三年遇到悉達羅摩濕瓦，悉達羅摩濕瓦於一九三六年去世。

12 指尼薩迦達塔所達到的「圓滿的境界」。

13 即「究竟實相」（Absolute Reality）。

14 見註 2。

15 簡．鄧恩，本書英文本的編輯者。

16 「童真基礎」（child-principle）指的是兒童還未意識到自我存在之前的無分別狀態的基礎，這個基礎就是能知之力，能知之力無有分別。尼薩迦達塔在《終極之藥》（*The Ultimate Medicine*）中解釋過：「什麼是童真？什麼是『童真基礎』？審視一下。這種特質，兒童的特質：理解並認識它。你何時意識到你自己的？從什麼時候，怎麼開始的？在收集了世界上所有的資訊和概念之後，你就無法審視自身了。當黑天出生時，他有了『我在』的感覺。你自己也是一樣。去瞭解吧！你內心的那種『我在』的感覺，那種童真的感覺是什麼？從何時起你知道你在？憑什麼你知道你在？如果你試圖利用你所聽到的來回答這些問題，你將永遠無法瞭解。那時你知道你不在，但現在你知道你在。這是怎麼發生的，如何彙集而成？本來你不在，而突然你在了。這就是我們需要去探索的。」

17 「本然」（beingness）是尼薩迦達塔的一個常用詞。有時候指的就是「我在」（I Am），有時候指的是明覺（Knowledge）。有時候指的是當下的自我存在本身，還有時指的就是外在的現象世界。在表示一般的世俗含義時，我們將其譯為了「存在」，在表達更高層次的靈性的含義時，它被譯為「本然」、「本然存在」或「如是本然」。

18 一般來說引號裡的I，即「I」表示的是自我，但本書中，很多時候「I」表示的是能知之力，能知之力是產生自我的根源。真我既可以是能知之力，也可以是實相，還可以是純淨明覺，這三者都超越了自我。指認哪一個為真我，取決於求道者所處的階段。究竟的真我是實相，即超梵。

19 「我在」（"I Am"）指的是自我的存在感，自我意識到自己存在的那份感覺，而這種存在感正是比較粗重的明覺（*Vidya*）。所以「我在」有時候直接指的就是明覺。尼薩迦達塔偏愛使用「我在」一詞而不是「明覺」，他的師兄弟冉吉特則正好相反，喜歡使用「明覺」而不是「我在」。「明覺」和「能知之力」是孿生的，「明覺」是「能知之力」所發出的智光。「能知之力」本身沒有知道與不知道、覺與不覺的問題，它只是「力」。但是體現在眾生身上，經過了扭曲獲得了二元性，展現為「能知道」，這個就是明覺。你能知道就是因為明覺，你能問問題就是因為明覺。粗的明覺是帶自我感的，比如：「我知道」。最為精微的明覺，一般稱為「純淨明覺」是不帶自我的，這種純淨明覺是遍在的。純淨明覺就是產生世界和所有幻相的基礎，它本身就是「摩訶幻相」。在本譯著中，尼薩迦達塔所用的「純淨我在」（"I Amness"）就是指「純淨明覺」。

20 清醒的狀態、做夢的狀態、沉睡而無夢的狀態，這三種狀態是一般人會處於的三種心的狀態，簡稱「醒位」、「夢位」、「沉睡位」。吠檀多不二論安立了第四位超越位（*Turya, Turiya*）。

21 太陽比喻的是見證者，光比喻的是見證本身。

22 這裡根據上下文指的是「純淨明覺」，即第四身超越位。只有「純淨明覺」才談得上見證，「純淨明覺」見證著一切。這種見證作用又展現在實相之上。

23 指能知之力。

24 「我愛」（I love），等同於「我在」，是「我在」的比較文學性的表達方式。

25 英譯本中區分了“I Am”和“I Amness”。本書將“I Am”和“I Amness”被分別譯為「我在」和「純淨我在」。「我在」指的是帶有自我存在感的明覺，而「純淨我在」就是「純淨明覺」，是最精微的明覺，不帶有自我存在感，是遍在的，是超越了自我的。也可以認為，「純淨我在」就是能知之力。英文本書末詞彙表註明了“I Amness”等價於梵文的*Chidakash*（能知虛空）。

26 覺知中產生的明覺，即「我在」，是靠身體攝入食物，轉化為內在的能量，即命氣，才得以維繫。

27 「明覺—我在」（Knowledge “I Am”），這兩個詞是組合在一起的專業術語，粗略而言，就是對自己存在這一事實的了知，而這種「了知」無形無相，並不局限於身體或頭腦的知覺，無需刻意為之。更深一層講，這個詞指的其實是第四身超越位。第四身超越位也被商羯羅大師稱為原初幻覺，包含兩個面向，了知的能力和驅動的能力（也被稱為普魯薩和普拉克瑞蒂）。就像太陽散發的光和熱，光和熱不可分離，但光具有了知的能力，而熱產生了風，就有了驅動的能力。光是陽性的，熱是陰性的。「明覺—我在」就是這樣一個詞，它包括了陽性的部分，即「明覺」，又包括了陰性的部分，即

「我在」。

28 在尼薩迦達塔這一派的著作中，一個英文單詞如果有特殊含義，通常會用首字母的大小寫來分別代表靈修和世俗層面的意思。一般慣例是，knowledge一詞，首字母小寫，有「覺知」、「知識」等含義，而首字母大寫Knowledge，有「明覺」、「真知」、「智慧」的含義。本書的英譯本並沒有用此方法，所以中譯者酌情，根據上下文來判斷是否有靈修層面的含義。

29 「命氣」（vital breath）也就是*prana*，很多時候「能知之力」會被錯認為是「命氣」（*prana*），但兩者完全不同。「命氣」是屬於精微身的，只在身體之內，而「能知之力」超越了精微身，是遍在的。「能知之力」是最精微的風，或命氣的源頭。值得注意的是，有些英譯著作中會錯把*Chaitanya*和*prana*都翻譯為Life Force，非常容易混淆。

30 終結能知之力意味著超越能知之力，也就是證入究竟實相。

31 指能知之力。有能知之力才會產生「能知」，即明覺。能知之力進入身體，才有了明覺，才有「知」。

32 「自然三摩地」（*sahaja samadhi*）即「無分別三摩地」。

33 此處所指的「資本」、「本錢」：醒位、睡位，以及「能知」，其實對應的是三德（*gunas*，三種屬性）。醒位即是羅闍（*Rajas*），睡位即是多磨（*Tamas*），「能知」即是薩埵（*Sattva*）。通常吠檀多所說的三種狀態是：醒位、夢位、沉睡位，但尼薩迦達塔很少談論夢位，他的開示最大的特點就是，都是從自己的實際經驗為出發點，很少談論書本上的知識。他處在一個很高的修持層次，他是不做夢的，所以他很少談論夢位；他本人會經歷的三個狀態就是醒位、沉睡位，以及在從沉睡位徹底醒來之前，或者說是介於沉睡位和醒位之間的一種超越個體性的「純淨我在」的狀態。

34 Consciousness一般指的是「能知之力」，但「能知之力」是超越了知與不知，覺與不覺的，它只是力。所以當Consciousness指的是某種「覺知」時，我們選擇將其翻譯為「能知」。「覺知」包含兩部分：「能知」和「所知」。「能知」是「覺知」中的知者（knower），即「能知道」的那部分，而「明覺」則是比較精微的「能知」。

35 普拉克瑞蒂（*Prakriti*）和普魯薩（*Purusha*）是形成「原初幻覺」（*Moolamaya*）的陰性和陽性。在羅摩達斯的《給弟子的忠告》第十章，第九節中，對「原初幻覺」有詳細介紹，這涉及到宇宙的起源。代表「純粹能知」的「原初陽性」和代表「顯化的能量」的「原初陰性」結合在一起，就形成了「原初幻覺」。簡單的來說「普拉克瑞蒂」指的是原初的物質基礎，而「普魯薩」指的是原初的能知基礎。而尼薩迦達塔的師父悉達羅摩濕瓦在其開示中解釋過：「在真我中產生了一種衝動：『我在』。這種衝動被稱為『普拉克瑞蒂』，而明覺就是『普魯薩』。這是獨一真我的兩種形式，就像熱和光是太陽的兩種屬性一樣。但太陽只有一個。」他還說：「普魯薩是明覺，而普拉克瑞蒂是風（*Vayu*）。」這段談話中提到的父親，即指普魯薩，母親指普拉克瑞蒂，孩子則是「原初幻覺」。

36 梵文中*Sat*為存在，即自性本身，*Guru*為上師，*Sat-Guru*其實指自性即為上師。

37 *Iswara*也作*Isvara*或*Ishwara*，指「大自在天」，但也泛指「神」。*Iswara*的狀態，就是神的遍在的狀態。

38 在本中譯中，我們不去區分「冥想」和「禪修」，英文都是meditation。其實「冥想」和「禪修」之間也沒有太大區別，把心專注於所緣境，可以是見地、真言、咒語、名號、心念、呼吸、本尊形象等等，都可以認為是「冥想」，或者「禪修」。如果是安住在某種見地，或真言，比如「我是梵」，本中譯中傾向於翻譯為「冥想」，其他的所緣境，則多譯為「禪修」。如果是接受詞，便翻成「冥想」。

39 指的就是能知之力。

40 「梵」（*Brahman*）是印度教認為的至高的靈性本體。「梵」和「超梵」的區別在於，超梵是有確切的定義的——就是「超越了一切定義、超越一切語言的究竟實相」；而「梵」這個詞，卻沒有固定的指向，它是「真實」、「真相」的代名詞，根據求道者的層次，會對「什麼是梵」有不同的理解。在吠檀多中，「梵」的層次可高可低，有離於一切屬性的梵，也有「有相的」、「有屬性的」梵。最高層次的「梵」就是第四身超越位，也就是「純淨明覺」，但和「超梵」相比，依然是不穩定的。「超梵」才是穩定的唯一真實。

41 這裡的「純淨我在」指的是「純淨明覺」，即第四身超越位。

42 原初幻覺（*mula-maya*），也作*Moolamaya*或*Mahamaya*。

43 「無相」（the Unmanifest）指實相。

44 *Maya*，摩耶。字面直譯為「不是（*ma*）那個（*ya*）」，即無明幻相，幻覺。

45 love to be是尼薩迦達塔常用的一個短語，表達的是一種「想要一直存在下去的意願」，一種「求生欲」。自我、明覺、「我在」等等，都具有這種「想要存在下去的意願」，想要永恆存在的意願。為了簡潔，幾處譯作「存在的意願」。

46 在尼薩迦達塔的語言習慣中，「知」（*knowingness*）等同於「能知」（Consciousness）。

47 見註33。三德，即明、動、暗。印度諸教認為三德是一切事物的三種基本屬性，是世界多樣性及其運動變化的決定因素。

48 能知之力的知者，即是究竟實相。

49 指能知之力。

50 「阿特曼」一詞，也是指「真我」，但通常只相當於「純淨明覺」，或能知之力，一般不會用「阿特曼」來指代「超梵」(*Parabrahman*)，因為*atman*加了字首*para*，即*Paratman*（究竟真我），才相當於「超梵」。

51 這是尼薩迦達塔自己專用的詞，意思大概是自性、上師、究竟實相，這三者合而為一，無二無別。

52 尼薩迦達塔常把醒位、睡位，以及「能知」（指「我在」，或明覺）三者相提並論，其實對應的是三德。醒位即是動，睡位即是暗，能知即是明。

53 指「能知之力」。尼薩迦達塔說：「源頭就是這種能知之力，當你還是個孩子的時候就出現了。你現在從事的任何行為，其源頭就是你孩童時的那一刻。在那個孩子身上，最重要的特性，這『化學要素』，即能知之力，記錄下了影像。從那一刻起，你開始積累知識，而在此之上，產生了你現在的行為。」（一九八〇年四月十四日）

54 身體意識（body-consciousness）指的是對身體存在的感知，並對這種存在感的認同。

55 指的就是能知之力。

56 相對於究竟實相來說，只是能知之力和明覺被孕育了出來，被生了出來而已，一切都只是能知之力和明覺。

57 指能知之力。

58 「純淨我在」、能知之力、「本然」、「化學要素」、「明覺—我在」等等，在精微的層次上都是等價的。

59 尼薩迦達塔臨終的幾年一直忍受著喉癌帶來的巨大痛苦。

60 food body有兩種意思：（一）指攝取食物精華而形成的身體，也就是尼薩迦達塔常提的food essence

body，這種情況被譯為了「食物之身」；（二）指身體通過攝取食物而產生了明覺的這一機制，並且明覺的維繫依賴持續不斷的攝取食物，這種情況被譯為了「食物—身體」。

61 命力（vital force）和命氣（vital air, vital breath, *prana*, *prana shakti*）是同一回事。

62 究竟實相超越狀態，但被其他的狀態所覆蓋。

63 英文原文為life force，但英譯者特別註明了為*prana shakti*（命力，命氣之力），所以與*Chaitanya*（能知之力，生命之力）是不同的。

64 悉達羅摩濕瓦在其開示錄中對四種語音的解釋是：一、發自內心的靈感（*Para*，超越層）；二、喉部說不出的話（*Pashyanti*，初期層）；三、在嘴裡發出的低語（*Madhyama*，表達層）；四、可以聽到並用嘴唇表達的語言（*Vaikhari*，詞語層）。——悉達羅摩濕瓦開示錄*Amrut Laya II: The Stateless State*，開示二十二：四種類型的語音，以及*Soham*。

65 見註29。

66 指明覺。命氣和明覺是一體的，明覺靠命氣來維繫。

67 指醒位、夢位、睡位。

68 醒、睡和「我在」這一能知，即三德：明、暗、動。——英譯者註。

69 尼薩迦達塔當時被診斷出患有喉癌。

70 尼薩迦達塔當時八十四歲。

71 尼薩迦達塔是在指認能知之力為真我。實相、能知之力、純淨明覺，這三者都可以被看做是真我，具體認什麼為真我，取決於求道者的程度和所處的階段。

72 *Shakti*，為梵文，意為「力量」，指的是宇宙最原初的能量。被擬人化為一種陰性的創造之力，是世界創造、變化的動力。也被譯為「性力」，是印度教性力派（Shaktism）所崇拜的力量和女性神祇，其配偶為濕婆。

73 就是指明覺（Knowledge, *Vidya*），明覺就是「能知」。濕婆和其配偶分別象徵著了知的能力，即明覺，和驅動的能力，即能知之力或「純淨我在」。

74 梵穴（*Brahma-randra*）的精確位置，是在頭頂正上方往後兩三指寬處的凹陷處。

75 「不孕女」通常比喻的是明覺或「能知」，而「不孕女的孩子」比喻一切在明覺和「能知」的基礎上產生的概念和外在顯現。它們都是虛幻的。

76 尼薩迦達塔很多時候談論種子、點、針孔、原子等等，其實是因為他在某些很高的修持境界中已經與整個顯現，整個宇宙融為一體了，從這樣的視角來看，展現出整個宇宙的那個源頭——「我在」，或身體，都只是一個小點。

77 桑卡帕（*Sankalpa*），意願，意圖，意向。

78 *Rg*，梵文，音譯為「梨俱」，為「歌詠」、「詩句」之義。印度流傳下來最古老的吠陀就是《梨俱吠陀》（*rgveda*）。

79 真正做到這一點的是命氣的源頭，即能知之力、「化學要素」在記錄著一切。

80 是拉瑪那道場出版的一本雜誌《山徑》（*Mountain Path*）。

81 指能知之力。

82 保羅·布魯頓（Paul Brunton, 1898-1981），英國記者，他周遊全印度探訪靈修者，期間遇到了拉瑪那尊者。他將這些經歷寫成*A Search in Secret India*一書，令拉瑪那在西方名聲大振，引發眾多西方人去南印度尋訪。中文譯本為《印度尋祕之旅：在印度遇見馬哈希》，台北，自由之丘。

83 尼薩迦達塔於一九八二年在西方出版的一部很受歡迎的書，《我是那：與室利．尼薩迦達塔．馬哈拉吉的談話》。該書由摩里斯．佛里曼從馬拉地語的錄音帶翻譯為英文。

84 無相（*Nirguna*），無屬性的，與之相對的是*Saguna*。吠檀多認為，梵（*Brahman*）既可以是有屬性的，也可以是無屬性的。無屬性的梵，是無形無相，超越語言的；有屬性的梵，或有相的梵，即是梵所展現出來的一切有情眾生和宇宙萬物。

85 指「我在」這一明覺，或「我在」這一能知。

86 *Pranava*指「唵」音（羅馬拼音為OM），字面意思為大聲響者。是印度教認為的最初之音，世界從此音中出現。印度教認為無所不遍之神聖覺性的最初之形為震動，展現為「唵」聲，故而OM也是神的名字，究竟存在之震動。今日已作為印度教的象徵。

87 究竟之力（*Para shakti*），宇宙最高的靈性力量；語言表達的最初狀態；聲音形成的最初階段。也就是能知之力。

88 究竟寧靜（*Para shunti*），也作*Para shanti*，絕對的祥和寧靜。

89 指實相。

90 指「我在」或能知之力。

91 指能知之力，展現世界的基礎。

92 指實相，只有實相超越了能知之力。

93 food essence，這一概念是尼薩迦達塔常用的。essence原文為*Rasah*，是個梵文詞彙，具有持載、原始、究竟、因、果、津液、精華、味等義。因為尼薩迦達塔有多名不同的現場翻譯，所以有人將之譯成essence，有人譯成taste。不二論祖師商羯羅常常引用的《歌者奧義書》中，就反覆運用到這一詞彙：「一切的存在，包括了動與非動的萬有，其精華（*Rasah*）皆是土；土的精華是水；水的精華是植物；而植物的精華是人。語言是人的精華；梨俱吠陀是語言的精華；娑摩吠陀是梨俱的精華；烏笈多則是娑摩吠陀的精華。」（《歌者奧義書義疏》，聞中譯）而「食物精華之身」指靠攝取食物精華而維持的肉體。

94 同註46。「知」即「能知」。

95 指身體通過攝取食物而產生了明覺的這一機制，並且明覺的維繫依賴持續不斷的攝取食物。

96 見註53。

97 指的是導師。

98 Self-Knowledge，英文意思差不多就是Knowledge of The Self。這個詞有非常豐富的含義，在不同的情境下，我們對它進行了不同處理：（一）如果是在討論世間的學科、知識時，舉出了Self-Knowledge與之相對，策勵讀者不僅僅學習各種學問，而應該多瞭解自己，那麼，就譯為「真我知識」；（二）如果是對已踏上求道之路的學人，談到明心見性時，就譯為「認知真我」、「了悟真我」、「明見真我」；（三）如果是在深入、細緻地指導實修實證時，就譯為「真我明覺」、「真我之知」或「真我之覺」。

99 這裡的「真我」指「明覺—我在」，或「能知」，它們在某一階段可以被當做真我，但不是究竟的真我。

100 指「純淨明覺」，也叫做「存在—能知—極喜」，或稱為第四身超越位。

101 究竟實相。

102 此處「真我」原文英文是*Paramatman*（即究竟真我，等同於究竟實相），但詳讀上下文其實這裡所談論的內容並沒有達到究竟實相的高度，否則將與後面多篇談話自相矛盾（例如一九八〇年十一月二十九日、一九八〇年十二月七日的談話）。因此在此篇中，我們將*Paramatman*均翻譯為了「真我」而非「究竟真我」。

103 但在究竟實相中，甚至連對「覺」本身的覺知都沒有。詳見一九八〇年十一月二十九日的談話：「作為究竟實相，我是永恆、無限的，我是覺性，是對『覺知』無有覺察的……在你最初的狀態中，對『覺知』是沒有覺察的，因此也沒有明覺。」

104 一拉克等於十萬。

105 這裡的「因種之身」並不是「四種身體」之中的「因基身」，雖然英文都是causal body，但尼薩迦達塔在其教學中並沒有談論過「四種身體」。四種身體是：粗重身、精微身、因基身、超因身。尼薩迦達塔的上師悉達羅摩濕瓦所著的《了悟真我之核心教授》中，對「四種身體」有詳細的描述。為了與「四種身體」中的「因基身」有所區別，中譯者在本譯著中，將causal body譯為「因種之身」。在尼薩迦的語言體系中，「因種之身」特指在受精卵中能為之後人體升起「能知」所潛藏著的基礎。

106 指「明覺—我在」，或「能知」。

107 指身體和頭腦。

108 個體性的「本然」消融了，但整體性的「本然」更明顯了。

109 「本尊」（Deity）一般指已經徹底淨除了貪嗔癡的智慧神靈，密宗修行者以「本尊」為崇拜和禪修的對象。

110 阿特曼之愛（*Atman Prem*），*Prem*是梵語中「愛」的意思。更具體地說，它指的是純粹無條件的愛，從而導向完全的虔誠與臣服。在瑜伽的各種道路中，虔誠道與*Prem*最相關，因為最高形式的虔誠就是*Prem*。

111 見註24。

112 尼薩迦達塔晚年得了喉癌。

113 產生生命的基礎，即能知之力（「生命之力」）。

114 「本然」指的也是明覺，明覺是靠身體對食物的攝取來維持的。

115 第四身超越位的另外一個名稱，也等於「純淨明覺」。超因身或超越位之所以也被稱為「存在—能知—極喜」，是因為「存在」、「能知」、「極喜」是它的三個面向，或三個特徵。

116 尼薩迦達塔遵循其師父悉達羅摩濕瓦的命令，按照其所在傳承的傳統，會應弟子請求傳授咒語。所謂的咒語，是一些箴言，比如「你就是超梵」等。

117 指究竟實相。

118 一種崇拜必定包括三個方面：崇拜的對象、崇拜者、崇拜本身。從超越二元對立的角度看，這三者是一體的。

119 見註33。

120 這裡的三摩地指的是死亡。印度人稱聖者死亡是進入了三摩地。

121 指尼薩迦達塔前面提到的「並不是作為一個個體活著」。
122 沒有做為者，沒有主宰。
123 「不孕女」通常比喻的是明覺或「能知」。
124 指的是幻相、摩耶。
125 指禪修中能看到的清淨顯現，比如各種五顏六色的光、各種本尊的形象、剎土的景象等等。
126 指「純淨明覺」。
127 這裡的「真我」指究竟真我，即超梵。「真我」並不總是指超梵。「純淨明覺」、「能知之力」、「超梵」這三者都超越了自我，都可以視為「真我」，以什麼為真我，取決於求道者所處的程度。見註6。
128 指的是認同明覺為「真我」。尼薩迦達塔這一派認為，以明覺為「真我」，是一個暫時的階段，但也是一個求道之路上必不可少的階段。究竟的真我是超梵，即究竟實相，但要先穩定在明覺的基礎上，依靠明覺來否定掉我們對身心的認同，在此基礎上再進一步去超越明覺，證入究竟實相。
129 指創造出一切的外顯。
130 在尼薩迦達塔的語言習慣中，「知」等同於「能知」。
131 指「純淨我在」或能知之力。
132 指身體通過攝取食物而產生了明覺的這一機制，並且明覺的維繫依賴持續不斷的攝取食物。
133 指實相。
134 指「本然」或能知之力。
135 見註24。

136 指身體。

137 指明覺。

138 指「能知之力」。

139 尼薩迦達塔點燃了打火機。

140 經文賜予者（*sutra pradam*），*sutra*是經文，*pradam*是賜予者的意思。「經文賜予者」，指的就是那個能流出所有經文的智慧的源頭。

141 簡單來說，「普魯薩」可以被認為是萬物顯現的「能知」基礎。

142 指「能知」。這裡尼薩迦達塔指的是，用「能知」安住於真我，「能知」本身與真我合而為一，而「能知」本身就成為了真我。

143 這是提問者對尼薩迦達塔的敬稱。「斯瓦米」是印度教眾對瑜伽士或宗教導師的尊稱；在梵文中，Swami的意思是「知道的人」。後面加「吉」(ji) 是表示尊敬的一種稱呼習慣。

144 比喻明覺（也就是「我在」）其實潛藏於食物中。身體通過攝取食物而產生命氣，命氣維繫著明覺。

145 三德之一，這裡指「明覺」。

146 通常念誦的是神祇的名號。

147 指超梵本身，即實相。

148 這裡的命力指的就是「本然存在」。

149 指身體。

150 尼薩迦達塔開了個玩笑，大概的意思是，沒有當著神的面時，人的行為就會無所顧忌。

151 五十萬盧比。

152 指的是精液。

153 醒位、沉睡位和「明覺—我在」，這三者對應三德。

154 醒位、沉睡位和「明覺—我在」。

155 指實相。但實相無所謂見證或不見證，這只是一種比喻。

156 整個外顯就是「明覺之樹」。

157 能知之力。

158 能知之力的源頭就是究竟實相。

159 據悉達羅摩濕瓦說（詳見《了悟真我之核心教授》）：整個吠檀多的靈修頂點是在第四身超越位，也是最高的梵，而超梵（即究竟實相）在後代經歷了無數爭論後，才被確認是真實的。

160 見註10。

161 一種醫療理念，用於替代醫學、另類療法，其理論基礎是通過控制飲食、鍛鍊和按摩等技術，無需使用藥物就能成功地治療或預防疾病。

162 可能之前提問者曾通過閱讀《奧義書》來印證自己的修行進展。

163 此處英文原文不完整："Do medita-birth drop"。參考後文一九八一年三月十七日對話中提到的受孕時的那一滴「種子身」（that drop of Linga-deha），此處應是指同樣的意思。

164 意思是，無論通過虔信得到了什麼，成為了神也好，見到了神也好，最終都是回歸於空無的。沒有得到什麼，也沒有失去什麼。

165 指普遍的、遍在的能知之力。

166 即能知之力。

167 「五大元素的精華」就是身體。

168 見註 10。

169 這是處於「存在—能知—極喜」（*Sat-Chit-Ananda*）的狀態時會有的體驗。

170 單身漢代表「能知」，妻子代表身體。

171 「究竟明覺」（*Vijnana*）是尼薩迦達塔這一派著作中的一個重要詞彙。在尼薩迦達塔的師父悉達羅摩濕瓦的《了悟真我之核心教授》中也非常重視這一概念。*jnana*為「智」，*vi-*這一字首，有「分別」、「分開」之意，*Vijnana*在漢地佛教經典中都被譯作「識」，如五蘊（色受想行識）中之「識」蘊，玄奘大師對「識」的特徵的定義就是「了別、判斷」（「識以了別為行相」）。但這顯然和悉達羅摩濕瓦所採用的解釋方法不同。印度吠檀多一些經典側重於肯定「識」的能覺、能知的一面，並非了別、判斷的思維心，而是無念、不帶染著和二元對立的。羅摩達斯的《給弟子的忠告》一書中將*Vijnana*等同於「究竟明覺」（Supreme Knowledge），悉達羅摩濕瓦應該是沿用了羅摩達斯的定義，他口中的*Vijnana*是超越了梵的究竟實相，故在《了悟真我之核心教授》中，英文譯者將*Vijnana*註解為「無念的實相」。按照吠檀多對*Vijnana*的定義來看，*Vijnana*相當於佛教唯識中的「八識見分」，或第九識，庵摩羅識。

172 指能知之力。

173 指「究竟明覺」。

174 指實相。

175 迪尼雅內釋瓦（Jnanaswara, or Dnyaneshwar，1275-1296），印度十三世紀納特（Nath）傳承著名聖者、詩人、哲學家和瑜伽士。其所著的《薄伽梵歌注》（*Bhawarth-Deepika*）和《經驗甘露》（*Amrutanubhav*）被視為馬拉地語文學的里程碑。

176 律師是辯護、解釋的「工具」，法庭是不會去質疑「工具」的，但這裡是指連「工具」也被質疑了。

177 尼薩迦達塔在此刻與整個顯現融為一體，從這個視角來看，存在感只是一個微不足道的小點。參見一九八〇年七月九日對話：「什麼是真我？如果你試圖擴張，整個世界都是表象的顯現。同時，『存在』這粒種子，它非常微小，就像一個『我在』的原子或針孔。那就是愛的源頭。這樣的潛能就藏在那兒，為整個世界提供著愛；它藏在『我在』這種子中，剩下來的就是那個『我在』。那個『我在』的針孔或感覺，是一切本質之本。」

178 指拙火產生的熱。

179 詳見一九八〇年七月六日的談話。

180 為濕婆的一種形象，代表智慧及對一切知識的瞭解，常以一面四臂的瑜伽士或導師形象出現。名字可直譯為「面向南方（*Dakshina*）的無形（*amurti*）」，故在印度的神廟裡，他的造像常面南而立。

181 即印度東北部城市瓦拉納西（Varanasi）。

182 羅摩濕瓦拉姆島（Rameswaram Island），又名班本島（Pamban bridge），是位於印度半島和斯里蘭卡之間的一個島嶼。

183 吉杜·克里希那穆提（Jiddu Krishnamurti, 1895-1986），二十世紀極具影響力的印度靈性導師。幼年被神智學會認定為救世主，但在一九二九年宣布退出神智學會，自此開始宣揚自力覺醒的觀念，強調覺悟無法透過任何組織獲得。他畢生巡迴世界講道六十餘年，共造訪全球七十個以上國家。

184 *Linga*，音譯為林伽，意為「標記」、「標誌」，*deha*，意為「身體」，所以*linga-deha*直譯為「林伽身」，本文根據其含義，意譯為「種子身」。在印度教中林伽被具化為男性生殖器形狀，以代表濕婆所體現的宇宙原初的生命力。有些英譯著作中，*Linga-deha*被譯為了subtle body（精微身），但尼薩迦達塔所談論的「種子身」（*Linga-deha*）與其老師悉達羅摩濕瓦在《了悟真我之核心教授》中所論述的「四種身體」中的「精微身」（subtle body）不是同一概念。尼薩迦達塔對*Linga-deha*的更多描述，請詳見一九八一年三月十七日的談話內容。這裡的*Linga-deha*特指在受精卵中能為之後人體升起「能知」所潛藏著的基礎。

185 「種子」和「化學要素」指的都是能知之力（詳見一九八〇年四月十四日的談話內容），這裡尼薩迦達塔將種子身（即精魂）等同於能知之力的物質載體。能知之力是種子身中所蘊含的本性。

186 指能知之力。

187 指的是身體通過攝入食物精華，轉化為命氣，從而維持明覺，維持住「我在」。

188 *Dukkha*，梵語「苦」的意思。即佛教中四聖諦「苦集滅道」的第一諦苦諦。

189 指能知之力。

190 指的是在精神病科使用的系列方法，包括使用電擊，來誘發抽搐或者其他的極端的腦部狀態來達到治療憂鬱症或其他精神上的疾病。

191 梵天、毗濕奴、濕婆為印度教所信奉的三大神。

192 「能知虛空」(*Chidakash*)，又記作*Chidakasha*，由*Chit*（能知）和*akasha*（空，虛空）組成。*Chidakasha*在瑜伽系統中，被定義為是三身的最後一身（前兩身為物質身與思維概念之身），在*Chidakasha*中，不再有二元性。英文原書書末詞彙表中註明了，*Chidakasha*等同於「純淨我在」("I Amness")。

193 *Chaitanya*一詞有多重含義：覺性、覺力、能知之力、生命之力。英文通常被譯為Consciousness、Life Force、Life Energy等等。*Chetana*和*Chaitanya*是同義，區別只是*Chetana*是陰性名詞。此處中譯者將*Chetana*譯為「生命之力」。

194 梵文*charana*，或記作*carana*，是行為、德行、行為準則的意思。

195 「世間」(*Loki*)，梵語為*Loka*，或*Laukika*，*Loki*或許是馬拉地語的轉寫。屬於佛教術語，意為：世間，有情世間，器世間。*Aloka*和*Alaukika*是其反義詞，「出世間」，「非世間」。

196 毗濕摩（Bhishma）是古代印度長篇敘事史詩《摩訶婆羅多》之《毗濕摩篇》中的偉大武士，以恪守正法聞名。在俱盧之戰中，毗濕摩擔任俱盧族的首領，後被阿周那用弓箭射倒，全身中箭，倒在地上卻被弓箭撐起，像是躺在箭床之上。他的頭倒懸著，對戰雙方的王子們都過來慰問，想要用柔軟的枕頭墊起他的頭，卻被他拒絕。他向阿周那要求一個配得上剎帝利的枕頭，於是阿周那從箭筒中抽出三支箭把他的頭支了起來。他在這個箭床之上，本著維護正法的態度，向對戰方般度族的兄長堅戰傳授了治國之道。在箭床上躺了五十八天之後，他才選擇離開世間。

197 這個明覺是帶自我感的明覺，所以是人人都有的、共同的。

198 可以參見悉達羅摩濕瓦的《了悟真我之核心教授》一書（白象文化，二〇一九年一月）中，中譯者對悉達羅摩濕瓦教授手法的介紹，其中對此四本經典有簡單介紹。

附錄一

悉達羅摩濕瓦一派詞彙對應表

層次／大師：悉達羅摩濕瓦		
實相（*Neti, Neti*）	遍在（Universal, *Ishwara*）	個體（individual, *jiva*）
超梵（*Parabrahman*）	梵（*Brahman*）	
究竟真我（*Paramatman*）	真我（Self）	小我（self）
	阿特曼（*Atman*）	自我（ego, *atma*）
究竟明覺（*Vijnana*, Absolute Knowledge）	純淨明覺（Pure Knowledge）	覺知（knowledge）
	純粹能知（Pure Consciousness）	知覺（consciousness）
	純淨之覺（Pure Awareness）	覺知（awareness）
究竟實相（Absolute Reality）	真我明覺（Self-Knowledge）	
	第四種身體（The Great-Causal Body, Mahakarana Body）	
	超越位（*Turya, Turiya*）	

	究竟實相	「存在—能知—極喜」（*Sat-Chit-Ananda*）	
		原初幻覺（*Moola Maya*, Primal Illusion）	
		「我在」（“I Am”）	
		能知之力（*Chaitanya*, Life Energy of Consciousness）	
		原初普魯薩（*Moola Purusha*）／原初普拉克瑞蒂（*Moola Prakriti*）	
		「明覺—我在」（Knowledge “I Am”）	
冉吉特	實相（Absolute Reality）	能知之力（Power）	明覺（Knowledge）
尼薩迦達塔	實相（The Absolute, Absolute Reality, The Ultimate）	能知之力（Consciousness）	「能知」（Consciousness）
		純淨我在（“I Amness”）	我在（“I Am”）
		「明覺—我在」（Knowledge “I Am”）	明覺（Knowledge），我在（“I Am”）

附錄二

尼薩迦達塔詞彙對應表

實相	
究竟實相（The Absolute, Absolute Reality, The Ultimate）	
超梵（*Parabrahman*）	「生命之力」（Life Force）
「無相」（The Unmanifest, non-manifest）	「化學物質」（Chemical）
「無存在」（no-being, no-beingness）	
先於能知之力（prior to Consciousness）	
「那個」（That）	
「它」（It）	
終極法則（Ultimate principle）	
「不知」（no-knowingness）	
「未知的」（The Unknown）	

遍在	能知之力（*Chaitanya, Chidakash,* Consciousness）	「童真基礎」（Child-Principle）
		種子（seed）
		「生之基礎」（birth principle）
		「純淨我在」（“I Amness”）
		離言之「我在」（“I Am” without words）
		「存在的意願」（love to be）
		「本然存在」（beingness）
		「宇宙能知/普遍能知」（Universal Consciousness）
	純淨明覺（Pure Knowledge）	「存在—能知—極喜」（*Sat-Chit-Ananda*）
		第四身超越位（*Turiya*）
		「純粹能知」（Pure Consciousness）
		梵（*Brahaman*）
		阿特曼（*Atman*）
		原初幻覺（Primary Illusion, *Moolamaya, Mula-maya*）
		「唵」音（“Om”,*pranava*）

遍在	純淨明覺	普魯薩（Purusha）
		見證者（witness）
		「阿特曼之愛」（*Atman Prem*）
		「我愛」（"I Love"）
		「真我之愛」（love for the Self, the love of Self, Self-love）
		「知」（knowingness）
		薩埵屬性（*sattva guna*）
個體	明覺（Knowledge）	「能知」（Consciousness）
		「覺」（Awareness）
		「我在」（"I Am"）
		知者（knower）
	命力（*prana, prana shakti*, vital force）	命氣（vital breath）

梵英術語對照表

這一術語表，是尼薩迦達塔的現場英語翻譯們所遵循的梵（馬拉地）英譯法，不同的輪值譯者會對同一個梵文詞彙有不同的譯法。在本書原文的正文中往往沒有加括弧註明其馬拉地語的原始說法，所以中譯者大多也就順從英文來進行中譯，比如中文中常出現的Thought wave，我們就譯為「心念之流」，而不是根據梵文*vritti*譯為「毗黎提」。這一詞彙表，也就作為資料參考以原貌附錄在此，不再另加中譯了。

Advaita: Non-dualism. The doctrine which contends that only the Absolute - the ultimate principle, has existence, and that all phenomenal existence is illusion.

Adya: Primordial; original.

Agni: Fire.

Aham: I; the ego.

Ajnana: Ignorance.

Akasha: Ether; the sky.

Ananda: Bliss; happiness; joy.

Arati: Divine service performed in the early morning or at dusk.

Asana: Posture; seat.

Ashram: Hermitage.

Atma, Atman: The Self.

Avatar: Divine incarnation.

Bhagavan: The Lord.

Bhajan: Devotional practice; worship.

Bhakta: Devotee.

Bhakai: Devotion; love.

Bea: Seed; source.

Brahman: God as creator.

Brahma-randhra: Opening in the crown of the head; fontanelle.

Buddhi: Intellect.

Chaitanya: Consciousness.

Chakra: Plexus.

Chidakasha: Mental ether (all-pervading).

Chit: Universal consciousness.

Chitta: Mind stuff.

Darshan: Viewing; seeing.

Deva: Divine being.

Dharma: Code of conduct.

Ganapati: A Hindu deity; success-bestowing aspect of God.

Gayatri: Sacred Vedic mantra.

Gita: Song.

Guna: Quality born of nature; attribute.

Guru: Teacher; preceptor.

Hanuman: A powerful deity; the son of the Wind God; a great devotee of Sri Rama; the famous monkey who helped Rama in his fight with Ravana.

Hiranyagarbha: Cosmic intelligence; cosmic mind; cosmic egg.

Iswara: God.

Japa: Repetition of God's name; repetition of a mantra.

Java: The individual soul.

Jnana: Knowledge.

Jnani: The knower.

Kalpana: Imagination of the mind.

Kama: Desire; lust.

Karma: Action.

Karta: Doer.

Kendra: Center; heart.

Kosa: Sheath.

Kriya: Physical action.

Kumbhaka: Retention of breath.

Kundalini: The primordial cosmic energy located in the individual.

Layer: Dissolution; merging.

Lila: Play, sport.

Linga: Symbol.

Maha: Great.

Mahasamadhi: The death of a spiritual preceptor.

Mahattava: The great principle.

Mana: Mind; the thinking faculty.

Manana: Constant thinking; reflection; meditation.

Manolaya: Involution and dissolution of the mind into its cause.

Mantra: Sacred syllable or word or set of words.

Marga: Path or road.

Mauna or Mouna: Silence.

Maya: The illusive power of Brahman; the veiling and projection of the universe.

Mumukshu: Seeker after liberation.

Muni: A sage; an austere person.

Nama: Name.

Namarupa: Name and form; the nature of the world.

Neti-Neti: "Not this, not this"; negating all names and forms in order to arrive at the underlying truth.

Nirguna: Without attributes.

Nisarga: Nature; the natural state.

Pandit: A learned man; a scholar

Para: Supreme.

Parabrahman: The Supreme; the Absolute.

Paramatman: The Supreme Self.

Prajna: Higher consciousness; awareness.

Prakriti: Causal matter; cosmic substance.

Prang: Vital energy; life breath.

Prema: Divine love.

Puja: Worship.

Puma: Full; complete; infinite.

Purusha or Purusa: The Self which abides in the heart of all things; the cosmic spirit.

Rajas: One of the three aspects of cosmic energy; passion; restlessness; activity. One of the gunas.

Sadhaka: Spiritual aspirant.

Sadhana: Spiritual practice.

Sagunabrahman: The Absolute conceived of as endowed with qualities.

Sakti or Shakti: Power; energy; force.

Samadhi: Oneness; here the mind becomes identified with the object of meditation.

Samsara: The process of worldly life.

Samskara: Impression.

Sankalpa: Thought; desire; imagination.

Sat: Existence; being.

Sat-Chit-Ananda: Existence-knowledge-bliss.

Satsang: Association with the wise.

Satca or Sattwa: Light; purity.

Siddha: A perfected Yogi.

Siddhi: Psychic power.

Swarupa: Essence; essential nature; one's own form.

Tomas: Darkness; inertia; one of the guns.

Upanishad: Knowledge portion of the Vedas.

Vac or Yak: Speech.

Vasana: Subtle desire.

Vayu: The Wind God; air; vital breath.

Veda: A scripture of the Hindus.

Vedanta: The end of the Vedas.

Vichara: Inquiry into the nature of the Self.

Vijnana: Principle of pure intelligence.

Vritti: Thought-wave; mental modification.

Yoga: Union; the philosophy of the sage Paranjali teaching the union of the individual with God.

Yogi: One who is an adept in Yoga.

妙高峰上 2

先於能知之力

尼薩迦達塔·馬哈拉吉的臨終教言

Prior to Consciousness

Talks with Sri Nisargadatta Maharaj

作者　尼薩迦達塔·馬哈拉吉 Sri Nisargadatta Maharaj
編者　簡·鄧恩 Jean Dunn
譯者　鍾七條、智嚴、張玉
封面設計　高聖豪 samuelkaodesign.com
排版　Lucy Wright
總編輯　劉粹倫
發行人　劉子超
出版者　紅桌文化／左守創作有限公司
undertablepress.com
臺北市中山區大直街 117 號五樓
印刷　約書亞創藝有限公司
經銷商　高寶書版集團
臺北市內湖區洲子街 88 號三樓
Tel: 02-2799-2788
書號　ZE0146
ISBN　978-986-98159-5-6
初版　二〇二一年元月
新台幣　五〇〇元
法律顧問　詹亢戎律師事務所
台灣印製

國家圖書館出版品預行編目(CIP)資料

先於能知之力：尼薩迦達塔.馬哈拉吉的臨終教言/尼薩迦達塔.馬哈拉吉(Sri Nisargadatta Maharaj)作；鍾七條, 智嚴, 張玉譯. -- 初版. -- 臺北市：紅桌文化, 左守創作有限公司, 2021.01
352面；14.8*21 公分. -- (妙高峰上；2)
譯自：Prior to consciousness : talks with Sri Nisargadatta Maharaj
ISBN 978-986-98159-5-6(平裝)
1. 印度教 2.靈修
274　　109020580

Prior to Consciousness
Talks with Sri Nisargadatta Maharaj

Translation of the English original, Prior to *Consciouness: Talks with Sri Nisaragadatta Maharaj,* Edited by Jean Dunn. Published by The Acorn Press, Durham, North Carolina, U.S.A.